Annemarie Pfeifer · Erziehen mit Liebe und Konsequenz

Annemarie Pfeifer

Erziehen mit Liebe und Konsequenz

Wie Sie im Familienleben Weichen stellen

scm R.Brockhaus

RB*taschenbuch Bd. 682*

Gesamtgestaltung: Dietmar Reichert, Dormagen
Druck: Druckerei Theiss, Österreich
ISBN: 978-3-417-20682-1
Bestell-Nr. 220.682

Inhalt

Einleitung ... 7

Kinder brauchen Grenzen ... 9

Vier unbewusste Ziele ... 17

Gefühle sind wie ein Spiegel ... 30

Die Frage nach dem Gewinn ... 35

Streithahn, Hasenfuß und Co. ... 41

Ermutigung: Du bist o.k. ... 46

Kommunikation – mehr als nur reden ... 55

Verstärken oder ignorieren – das Verhalten lenken ... 63

Logische Folgen – nachhaltige Veränderung schaffen ... 69

Konfliktlösung – Streit muss (nicht) sein ... 80

Erziehen mit Liebe und Konsequenz – das kann man lernen ... 88

Quellen ... 94

Einleitung

Ich machte mir keine großen Gedanken über Erziehungsfragen, als ich mit meinem ersten Kind schwanger war. Die Geburt war für mich die erste große Hürde, die es zu nehmen galt, und alles andere lag weit weg. Optimistisch nahm ich an, dass sich das Wissen um die Kindererziehung bei Bedarf ganz von selbst einstellen würde. „Ich habe ja meinen gesunden Menschenverstand, auf den ich mich verlassen kann", sagte ich mir.

Unterdessen sind 20 Jahre vergangen. Eine lange Zeit, voll gepackt mit den Freuden der Elternschaft, aber auch mit Sorgen und Unsicherheit. Es gab Phasen, da fühlte ich mich wohl und sicher, Erziehung schien ein Kinderspiel zu sein – und dann stand ich plötzlich vor einem Berg, und guter Rat war teuer. Während dieser Zeiten halfen mir verschiedene Dinge: In einer Frau-

engesprächsgruppe konnte ich vieles mit meinen Freundinnen besprechen. Später machte ich eine psychologische Ausbildung, die mir neue Erkenntnisse über Erziehungsthemen brachte.
Aus diesen zahlreichen Impulsen wuchs schließlich ein Erziehungsseminar – aus der Praxis für die Praxis. Im vorliegenden Buch finden Sie eine Art Notvorrat für die Kindererziehung. In kurzen Zügen möchte ich Ihnen zeigen, was vielen Eltern geholfen hat – damit auch Sie die Weichen in Ihrem Familienleben richtig stellen.

Annemarie Pfeifer

Kinder brauchen Grenzen

Kinder brauchen Grenzen. Sie entfalten sich besser, wenn sie sich innerhalb eines sicheren Rahmens bewegen können. Ein Erziehungswissenschaftler bewies dies einmal mit einem ganz einfachen Test in einer Schule: In einem Experiment setzte er den Kindern auf dem Schulhof unterschiedliche Grenzen. Zuerst wurde das Schulgelände mit einem festen Zaun eingefasst. Die Kinder waren nun eingesperrt – würden sie dadurch auch unfreier? Dann entfernte er die Umzäunung vollständig – konnten sie sich nun mehr entfalten? Die Erfahrungen machten deutlich: Die Kinder fühlten sich innerhalb der sicheren Grenzen wohler. Ja, sie spielten sogar damit. Einige Jungen versuchten das Hindernis zu überwinden, kletterten hinauf, um dann lässig mit den Beinen baumelnd oben

Grenzen schaffen einen schützenden Raum.

zu sitzen. Die Mädchen zogen sich in eine Ecke zurück, um dort ihre Geheimnisse auszutauschen, oder benutzten den Zaun für ihr Ballspiel. Er stellte den schützenden Rahmen dar, den die Kinder bis zum äußersten Winkel ausnutzten. Dann war er eines Tages weg – die Kinder waren „frei". Eigenartigerweise zogen sie sich nun aus den Ecken mehr gegen die Mitte des Platzes zurück. Die sicheren Nischen und Abgrenzungen fehlten. Es gab mehr Streit, denn die offensichtlich als unsicher empfundenen Grenzzonen wurden schlechter genutzt, und der Platz, den die Kinder sich teilen mussten, wurde dadurch kleiner. Was ein einfacher Zaun ausmachen kann! Wie viel mehr können wir Eltern zum Wohlbefinden der Kinder beitragen, wenn wir ihnen liebevoll Grenzen setzen, die Sicherheit schaffen.

Doch wie kann man in unserer Zeit und Gesellschaft Kinder führen? Unsere Eltern hatten es in dieser Beziehung vielleicht noch einfacher. Wenn wir nicht gehorchten, gab es einfach einen Klaps auf den Po, wenn nicht Schlimmeres – und die Sache war erledigt. Heute haben Eltern einen ganz anderen Anspruch an die Erziehung. Und handgreifliche Erziehungsmittel kann man allein schon deshalb aus dem Repertoire streichen, weil man befürchten muss, dass sich das Jugendamt einschaltet. Heute soll und will man natürlich gewaltfrei erziehen.

Über Jahrzehnte hinweg wurde Eltern eingetrichtert, dass sie sich den Bedürfnissen ihrer Kinder anzupassen hätten. Die Kinder seien äußerst verletzliche Wesen, wurde uns beigebracht, und zu strenges elterliches Einwirken könne tiefe Wunden in die zarte Psyche schlagen. Dieser Ansatz hat bestimmt viel Gutes hervorgebracht und manche übermäßigen Gewaltanwendungen verhindert. Doch leider hat das Pendel offensichtlich zu sehr in die entgegengesetzte Richtung ausgeschlagen – mit schwerwiegenden Folgen. So titelte das Magazin Facts unlängst: „Eltern ohne Einfluss – Psychologen sehen schwarz". Das Nachrichtenmagazin „Der Spiegel" sprach von „Monsterkids", als es über die zunehmende Gewaltbereitschaft der Jugend berichtete.

Die Folgen einer Erziehung ohne Grenzen können wir in vielen Familien beobachten. Kürzlich erzählte mir eine Bekannte von einem gemeinsamen Urlaub mit ihrer Schwester und deren zwei Kleinkindern. Der Stress begann schon bei den Mahlzeiten. Während die kleine Nichte unaufhörlich schrie, motzte der vierjährige Neffe über das Essen. Zuletzt spuckte er den „Fraß", wie er ihn nannte, in den Teller seiner Tante. Als diese sich beschwerte und sogar noch anzuregen wagte, dass man das schreiende Baby in einem Nebenzimmer beruhigen könnte, erntete sie von ihrer Schwester nur böse Blicke und die Bemerkung, sie verstehe halt nichts von Kindern.

Wie werden sich diese Kinder wohl als Teenager benehmen?

Die Weichen richtig stellen

Ein amerikanisches Forscherteam untersuchte vor einiger Zeit den Zusammenhang zwischen verschiedenen Erziehungsstilen und der moralischen Überzeugung, also dem Empfinden für Gut und Böse, welches die Kinder entwickelten. Sie verglichen dabei drei unterschiedliche Erziehungsarten und deren Einfluss auf die Gewissensbildung. Wie Sie der nachfolgenden Tabelle entnehmen können, gibt es beträchtliche Unterschiede.[1]

Erziehungstechnik	Beschreibung der Methode	Moralische Überzeugung
Autoritäre Erziehung	Strenge Erziehung durch körperliche Züchtigung und Strafen, wenig Liebe, absoluter Gehorsam	Schwache moralische Überzeugung, gehorcht nur durch Zwang
Liebesentzug	Entzug von Aufmerksamkeit und Zuneigung, keine Erklärung von Gründen	Ängstlich-rigide moralische Überzeugung, Angst vor Verantwortung, Vermeidung von Kritik
Autoritative Erziehung	Erziehen durch Erklären und Anpassen von Regeln, konsequent und liebevoll	Starke moralische Überzeugung, gehorcht ohne ständige Überwachung

Das Ergebnis zeigt deutlich, dass eine strenge Erziehung ohne Liebe und ohne das Begründen der gesetzten Grenzen dem Kind nicht hilft, sich aus eigenem Antrieb einzuordnen und sich auch ohne Zwang richtig zu verhalten. Druck und Zwang genügen nicht als Erziehungsmittel, denn sie führen entweder zu ständigen Machtkämpfen oder sie brechen den Willen der Kinder. Beides ist nicht gut. In unserer vielschichtigen Welt müssen die Kinder lernen, einen eigenen Willen zu entwickeln, um sich von negativen Einflüssen abgrenzen zu können. Auf diese Aufgabe müssen wir sie im Elternhaus vorbereiten. Liebevolle und konsequente Leitung führt dazu, dass ein Kind sich aus eigenem Antrieb positiv verhält.

Eine Vielzahl von Studien führt zum eindeutigen Ergebnis, dass die Erziehung, die man autoritativ nennt, den anderen Erziehungsstilen überlegen ist. Ein Forscherteam untersuchte beispielsweise, welche Auswirkungen die vier Erziehungsstile autoritär, autoritativ, nachgiebig und vernachlässigend auf die folgenden vier Bereiche haben:

- Selbstvertrauen
- Schulerfolg

- Nach außen gerichtete Verhaltensprobleme wie Drogenmissbrauch oder Straftaten
- Nach innen gerichtete Verhaltensprobleme wie Angstgefühle, Depression oder Anspannung

Autoritative Erziehung führt zu

- großen Fortschritten in der psychosozialen Reife
- Bereitschaft zu positivem Sozialverhalten
- interner Kontrollüberzeugung
- wenig nach außen gerichteten Verhaltensproblemen
- wenig nach innen gerichteten Verhaltensproblemen
- wenig Drogenproblemen

Auch hier schnitt die autoritative Erziehung (das Erziehen mit Liebe und Konsequenz) am besten ab. Die Tabelle auf Seite 12 fasst die erfreulichen Folgen zusammen.[2]

Vernachlässigte Kinder waren ihren Altersgenossen in allen Bereichen unterlegen. Die autoritär und nachgiebig erzogenen Kinder zeigten eine Mischung aus positiven und negativen Merkmalen. Kinder aus autoritären Familien waren in der Regel gehorsam, angepasst und gute Schüler. Der Preis, den sie zahlen mussten, war aber ein geringes Selbstvertrauen und eine Unterschätzung ihrer Fähigkeiten. Kinder von nachgiebigen Eltern waren weniger fleißig in der Schule und hatten mehr Probleme mit der Disziplin. Sie neigten eher zum Missbrauch leichter Drogen oder Alkohol. Dafür zeigten sie viel Selbstvertrauen in ihre sozialen Fähigkeiten.

Unser Erziehungsstil stellt also die Weichen für die Entwicklung unserer Kinder. Er beeinflusst, wie sie mit den Anforderungen des Lebens umgehen werden.

Im Neuen Testament finden wir nur einen kurzen Hinweis zu unserem Thema. Im Brief an die Christen in Ephesus setzt Paulus zwei Schwerpunkte, indem er zuerst die Kinder zum Gehorsam auffordert: „Ihr Kinder, gehorcht euren Eltern! So erwartet es Gott von euch.“[3] Dann nimmt er auch die Eltern in die Pflicht: „Ihr Eltern, behandelt eure Kinder nicht ungerecht! Sonst fordert ihr sie nur zum Widerspruch heraus. Eure Erziehung muss vielmehr in Wort und Tat von der Liebe zu Christus bestimmt sein.“[4] Eltern sollen also nicht wie Tyrannen über die Kinder herrschen (also autoritär oder mit Liebesentzug), sondern ihr Handeln soll von der Liebe bestimmt sein und die Gerechtigkeit suchen.

Heute können wir uns kaum vorstellen, wie fortschrittlich dieser Text damals war, in einer Zeit, in der Frauen und Kinder noch als Besitz des Ehemannes galten und das Familienoberhaupt die absolute Verfügungsgewalt über die Seinen besaß. Schon im Alten Testament findet man vor allem im Buch der Sprüche viele weise Anregungen für die Kindererziehung. Mich berühren vor allem die ersten sechs Kapitel: Vers um Vers gibt dort ein Vater liebevoll und besorgt seinem Sohn Weisheiten für sein Leben weiter. Da spürt man nichts von harten Befehlen, der Text ist vielmehr getränkt von Liebe und Fürsorge. In der Bibel bedeutet Erziehung viel mehr als die Durchsetzung von nacktem Gehorsam: Sie beinhaltet lehren, ermutigen, mitfühlen, Grenzen setzen. In diesem Buch will ich Ihnen aufzeigen, wie wir das im Familienalltag umsetzen können.

Zum Nachdenken:

Welchen Erziehungsstil pflegen Sie? Der nachfolgende Test gibt Ihnen Klarheit darüber. Kreuzen Sie jene Sätze an, die Sie bei einem Konflikt verwenden würden.

☐ 1. Ab ins Bett! Keine Widerrede!

☐ 2. Au, das tut weh, wenn du beim Windelwechseln zappelst. Ich kann dich erst frisch machen, wenn du ruhig liegen bleibst.

☐ 3. Du willst das nicht essen? Ist mir egal.

☐ 4. Du willst diese Kleider nicht anziehen? Komm, du darfst andere auswählen und ich ziehe sie dir dann an.

☐ 5. Räum deine Spielsachen auf, sonst kriegst du kein Abendessen!

☐ 6. Du ziehst dieses Kleid an, egal, ob es dir gefällt oder nicht!

☐ 7. Was, du magst nicht aufstehen? Dann bleib eben liegen.

☐ 8. Du willst, dass ich dich anziehe? Kommt gar nicht in Frage!

☐ 9. Ich würde dich wirklich gerne aufbleiben lassen. Aber ich finde es nicht gut, wenn du zu wenig schläfst.

☐ 10. Probier es selbst! Ich habe keine Zeit.

☐ 11. Wir sprechen später nochmals darüber, wenn wir beide wieder ruhiger geworden sind.

☐ 12. Heute ging das Anziehen etwas lange. Komm, ich fahre dich mit dem Auto in den Kindergarten.

☐ 13. Stimmt, du hast Spinat nicht gerne. Was soll ich dir morgen kochen?

☐ 14. So, du denkst, ich sei blöd … Das ist dein Problem.

☐ 15. Du kannst diese engen Socken nicht anziehen? Gut, ich helfe dir. Toll, dass du alles andere selbst geschafft hast.

- [ ] 16. Schrei bitte nicht so laut. Da kriege ich ja Kopfschmerzen. Okay, du darfst noch etwas aufbleiben.
- [ ] 17. Iss endlich auf, oder du kriegst einen Klaps!
- [ ] 18. Du hast diese Zeichnung angefangen und jetzt machst du sie fertig. Mein Kind gibt nicht auf!
- [ ] 19. Ja, ich weiß, dass du Zucchini nicht magst. Deshalb musst du nur ein par Scheiben essen. Weißt du, sich selbst überwinden macht stark.
- [ ] 20. Peter, es ist nicht nett, wenn du die anderen Kinder schlägst …

Auswertung:

Kreisen Sie nun in der folgenden Liste jene Zahlen ein, die Sie oben angekreuzt haben. So erfahren Sie, mit welchem Stil Sie erziehen.

Antiautoritär (nachgiebig) Wenig Kontrolle, viel Zuwendung	4	12	13	16	20
Autoritativ Viel Kontrolle, viel Zuwendung	3	9	11	15	19
Liebesentzug Wenig Kontrolle, wenig Zuwendung	5	7	8	10	14
Autoritär Viel Kontrolle, wenig Zuwendung	1	2	6	17	18

Erlebte Grenzen

- Wie habe ich die Festlegung von Grenzen in meiner Kindheit erlebt?
- Was kann ich davon übernehmen?
- Was will ich anders machen?
- Wo habe ich selbst Schwierigkeiten mit Grenzen?
- Wie reagiert mein Kind/reagieren meine Kinder auf Grenzen?

Vier unbewusste Ziele

Vor einiger Zeit ließen wir unsere Jungen für ein paar Stunden allein. Als besorgte Mutter „belästigte" ich sie noch mit meinen gut gemeinten Ermahnungen: „Räumt alles wieder auf. Sitzt nicht ständig vor der Glotze. Und vor allem, lasst euren jüngsten Bruder in Frieden." Darauf wandte einer entrüstet ein: „Mama, wenn du fort bist, streiten wir nie!"

Was sollte dies nun wieder heißen? War am Ende ich schuld daran, wenn sie sich in die Haare gerieten? Diese Bemerkung öffnete mir die Augen für die tieferen Gründe des Verhaltens meiner Kinder. Eigentlich kamen sie ganz gut miteinander aus. Streit war nur interessant, wenn wir Eltern dabei waren. Ihre Auseinandersetzungen waren nicht nur für den nach ihrer Meinung bevorzugten kleinen Bruder bestimmt, sondern gingen an unsere Adresse. Was wollten sie uns mit ihren „Fights", wie sie das Streiten nannten, mitteilen?

Kinder und Eltern wissen im Allgemeinen nicht, dass sie mit all ihren Handlungen – meist unbewusst – ein Ziel verfolgen. Der Individualpsychologe Rudolf Dreikurs weist in seiner Erziehungslehre auf die heimlichen Ziele hin, die Kinder mit ihren Verhaltensweisen verfolgen: „Alles Missverhalten ist das Ergebnis einer falschen Annahme des Kindes über die Art, wie es seinen Platz in der Familie finden und Status gewinnen könnte. Wenn der Erwachsene sich der Bedeutung des kindlichen Missverhaltens bewusst ist, fällt er nicht auf die unbewusste Intrige herein. Um es in einer solchen Lage wirksamer zu behandeln, muss der Erwachsene die Muster des Missverhaltens und seine versteckten Ziele erkennen."[5] Dreikurs nennt vier unbewusste Ziele, die ein Kind verfolgen könnte:

1. Aufmerksamkeit erringen
2. Machtkampf
3. Rache
4. Unfähigkeit als Ausrede

Die folgende Tabelle zeigt, welche Ziele Kinder (unbewusst) verfolgen können:

Verhaltensziel	Was sagt das Kind damit?	Elterliche Reaktion	Gegenreaktion des Kindes	Korrekturvorschläge
Aufmerksamkeit	„Ich gehöre nur dazu, wenn ich bemerkt oder bedient werde."	Irritiert, nervös, Impuls zurechtzuweisen oder zu ermahnen. Begeisterung und Freude über das „brave" Kind.	Hört auf für kurze Zeit.	Ignorieren, antworten oder Unerwartetes tun. Aufmerksamkeit bei kooperativem Benehmen. Keine übermäßige Aufmerksamkeit für das brave Kind.
Macht Überlegenheit	„Ich gehöre nur dazu, wenn ich dominiere, wenn du tust, was ich will."	Provoziert, verärgert, wütend, will Kind bezwingen. „Ich zeige es ihm!" – „Das lasse ich nicht durchgehen."	Wird noch schlimmer, will gewinnen, Oberhand haben	Sich heraushalten, handeln, nicht reden; freundlich sein. Gleiche Rechte; Energie des Kindes in positive Bahnen lenken.
Rache	„Mich hat man nicht gern. Ich bin machtlos – aber ich werde bemerkt, wenn ich verletze – so wie andere mich verletzen."	Beleidigt, traurig, verletzt. „Wie hat es mir das antun können?!"	Will sich rächen, macht sich unbeliebt	Sich entziehen, das Kind gewinnen, Ordnung aufrecht halten mit minimalstem Zwang, Vergeltung vermeiden, Zeit nehmen und versuchen, dem Kind zu helfen.
Rückzug Ohnmacht	„Ich bin nichts wert. Ich kann sowieso nichts recht machen – deshalb probiere ich es überhaupt nicht!"	Verzweifelt: „Ich gebe auf"	Keine Gegenreaktion, das Kind versucht nichts, weil es sinnlos wäre, passiv	Ermutigen (lange!), dem Kind Vertrauen schenken. – Eigene Ziele überprüfen!

1. Ziel: Aufmerksamkeit

Jedes Kind braucht für seine seelische Entfaltung die Erfahrung, dass es geliebt, angenommen und beachtet wird. Als Kleinkind holt es diese Zuwendung mit seinem glucksenden Lachen, den ausgestreckten Ärmchen, dem kläglichen Weinen, den staunenden Kulleraugen und so weiter. Welche Mutter kann schon dem Charme ihres kleinen Lieblings widerstehen? Ältere Kinder kommen nicht mehr so einfach zu Streicheleinheiten. Sie müssen deshalb neue Mittel finden, um sich bemerkbar zu machen. Vielleicht sind da ja noch andere Mitspieler, die um die Gunst der Eltern buhlen. Verschiedene Umstände bestimmen die Wahl der Ausdrucksmöglichkeiten: das angeborene Temperament des Kindes, die Position in der Geschwisterreihe, die Reaktion der Eltern …

Ältere Kinder kommen nicht mehr so einfach zu Streicheleinheiten. Sie müssen deshalb neue Mittel finden, um sich bemerkbar zu machen.

Es gibt unendlich viele Wege, wie Kinder die Aufmerksamkeit der Eltern gewinnen können. Ein Beispiel: David und Isabella kuscheln sich zufrieden an Mama und hören aufmerksam zu, wie sie eine spannende Geschichte erzählt. Plötzlich klingelt das Telefon. Ausgerechnet jetzt muss Oma anrufen! Demonstrativ kuschelt sich Isabella näher an ihre Mutter. Vielleicht erinnert sie sich endlich, dass eigentlich die Geschichte dran wäre. Aber nein, sie plaudert munter weiter. Auch David wird langsam unruhig. Er ärgert sich, dass seine Schwester so nah bei Mama liegt, außerdem streckt sie ihr Bein unangenehm störend über seinen Fuß. Also kneift er sie tüchtig, aber selbstverständlich so, dass Mama es nicht sieht. Und so nimmt das kleine Familiendrama seinen Lauf. Zuletzt weint Isabella kläglich und wird entsprechend getröstet, während David ins Zimmer geschickt wird, weil er mit seiner kleinen Schwester so „bös" war. Beide Kinder hatten eigentlich dasselbe Ziel: Sie wollten, dass Mama endlich den Hörer auflegt und ihnen ihre Aufmerksamkeit wieder zuwendet. Isabella wählte den angepassten, braven Weg. So blieb für David nur die aktiv aggressive Rolle übrig. Leider merkte seine Mutter nicht, dass in seinem Verhalten die Botschaft versteckt war: Mama, bitte, ich will dir auch so nahe sein wie Isabella.

Für viele Kinder ist negative Aufmerksamkeit noch immer besser als gar keine.

Für viele Kinder ist negative Aufmerksamkeit noch immer besser als gar keine, wenn sie nicht wie ihre braven Geschwister auf eine positive Art glänzen können. Und so steckt hinter unangepasstem Verhalten oft der Schrei nach Zuwendung. Besonders beliebt sind die folgenden Gelegenheiten, um Mamas oder Papas Aufmerksamkeit zu gewinnen:

- wenn Mama in der Küche beschäftigt ist
- bei den Mahlzeiten
- wenn die Eltern etwas besprechen wollen
- wenn Mama mit ihrer Freundin telefoniert
- wenn Besuch da ist.

In der vorangestellten Tabelle sehen Sie, wie Sie reagieren können, wenn Ihr Kind Sie „nervt". Ignorieren Sie sein auffälliges Verhalten, lenken Sie das Kind ab, geben Sie ihm etwas zu tun, machen Sie mit ihm ab, wann Sie sich Zeit nehmen können – und geben Sie dem sehr braven Kind keine übermäßige Aufmerksamkeit.

2. Ziel: Machtkampf

In vielen Familien wird gekämpft. Knallhart und rücksichtslos. Neulich saß ein Jugendlicher bei mir in der Praxis, der sein Lebensmotto ganz klar ausdrückte: „Niemand soll mir irgendwelche Vorschriften machen! Ich mache genau das, was ich will!“ Diese Einstellung hatte er sich nicht erst in der Teenagerzeit zugelegt, die Weichen dafür wurden viel früher gestellt. In unzähligen Kämpfen, vor allem mit seinem Vater, hatte er sich angewöhnt, nichts zu tun, ohne vorher dagegen anzukämpfen. Die Konflikte verliefen immer gleich: Die Eltern verlangten etwas von ihm. – Er hörte nicht richtig zu. – Dann fand er Ausreden: Ich muss zuerst für die Schule arbeiten. / Die Geschwister sind an der Reihe. / Ich bin müde. Und so weiter. Erst wenn der Vater wirklich böse war, ihn wütend anschrie und die Beherrschung verlor, fügte er sich murrend und schimpfend in sein Schicksal. Nun musste er zwar die unangenehme Arbeit ausführen und sich dem Diktat des Vaters beugen, aber er blieb doch der moralische Sieger, weil sein Vater sich zuletzt auch danebenbenommen hatte. Die ganze Familie zahlte einen hohen Preis. Lautstarke, nervtötende Auseinandersetzungen waren an der Tagesordnung. Je größer er wurde, desto starrköpfiger war der Junge und umso handgreiflicher wurden die Kämpfe.

In vielen Familien wird gekämpft. Knallhart und rücksichtslos.

Wie kann diese Familie aus ihrer „Kampfkultur“ ausbrechen? Wo hat sie die Weichen falsch gestellt?

Ein erster Lösungsansatz entstand, als die Eltern merkten, was in der Familie ablief. Es ging nicht um die Lösung, sondern ganz simpel um Macht und um die Frage, wer sich durchsetzen kann. Erst als die Eltern einsahen, dass sie, indem sie sich auf den Kampf einließen, schon verloren hatten, war eine Veränderung möglich. Es war nicht einfach, aus diesem langjährigen Muster auszubrechen. Vor allem dem Vater fiel es nicht leicht, die Korrekturvorschläge, die Sie in der Tabelle finden, umzusetzen. Der wichtigste Punkt war für ihn das Erlernen einer inneren Distanz, also sich herauszuhalten. Wenn er merkte, wie seine Wut stieg, verzog er sich ins Schlafzimmer. Erst wenn er wieder ruhig war, sprach er den Streitpunkt wieder an.

Bei Kämpfertypen ist es besonders wichtig, dass Sie Konflikte sorgfältig angehen und das Kind so bald wie möglich in das Finden von Lösungen einbeziehen.

Nicht alle Kinder verwickeln sich in starke Machtkämpfe, denn das ist abhängig von der Persönlichkeit. Machtkämpfe sind aber in allen Altersstufen weit verbreitet. Nicht nur ein Teenie kann seine Eltern in Atem halten, sondern schon ein kleiner Dreikäsehoch kann ein stahlharter Fighter sein. Bei Kämpfertypen ist es besonders wichtig, dass Sie Konflikte sorgfältig angehen und das Kind so bald wie möglich in das Finden von Lösungen einbeziehen, wie ich es in Kapitel 10 beschreiben werde. Je früher Sie Konflikte ohne Machtkämpfe lösen, desto leichter wird der Umgang miteinander in der Teenagerzeit.

Nicht immer liegt der Grund für Machtkämpfe in der Familiendynamik. Sie können auch durch eine leichte Gehirnschädigung (das sogenannte Aufmerksamkeits-Defizit-Syndrom, ADS genannt) oder eine Epilepsie verursacht werden. Auf Grund der weniger flexiblen Denkfähigkeit beharrt ein Kind stur auf seiner Meinung und kämpft weiter bis zum bitteren Ende. Alles Reden, Verhandeln und Erklären nützt nichts. Es ist, als wenn ein Zahnrad festgeklemmt ist, sich aber dann plötzlich löst und durchdreht. In dieser Situation braucht ein Kind Hilfe von außen, um zur Ruhe zu kommen. Die Eltern müssen aus dem Kampf aussteigen, das Kind an einem ruhigen Ort vor sich selbst schützen und warten, bis sich alle beruhigt haben. Statt einer Strafpredigt braucht es dann Trost und die Zusicherung, dass es mit der Zeit lernen kann, seine Impulse zu zügeln.

3. Ziel: Rache

Manche Kinder sind so entmutigt, dass sie nicht mehr kämpfen mögen. Sie haben es aufgegeben, sich gegen die übermächtigen Eltern durchzusetzen. Durch viele Erlebnisse sind sie zur Überzeugung gelangt, dass man sie nicht gern habe, dass sie machtlos seien. Daraus folgern sie: „Ich werde nur dann bemerkt, wenn ich andere verletze, so wie die mich auch verletzen."

Ein Kind, das auf Rache aus ist, hat die Hoffnung aufgegeben, dass es durch eine konstruktive Tätigkeit Anerkennung erlangen könnte.

Eine Mutter erzählte mir von ihrem vierjährigen Jungen, der nicht die offene Konfrontation in einem Machtkampf suchte, sondern sich hinterrücks rächte, wenn er sich ungerecht behandelt fühlte. Heimlich bekritzelte er die Wand, wenn sie ihm etwas verbot, oder er warf die Spielsachen des Bruders aus dem Fenster, wenn der nicht teilen wollte. Bei diesem Kind nützte eine direkte und vor allem schnelle und lautstarke Konfrontation nicht viel, denn es zog sich einfach zurück. Es war nicht sehr sprachgewandt und brauchte Zeit, um sich auszudrücken. Die Mutter musste lernen, auf sein Tempo einzugehen und genau hinzuhören, was den Jungen bewegte. Zwischen den lauten und körperlich überlegenen Geschwistern konnte er seinen Platz nur schwer behaupten. Deshalb versuchte ihm die Mutter in der Familie immer wieder Freiräume zu schaffen. Dabei musste er aber trotzdem für sein Fehlverhalten die Verantwortung übernehmen. Beschmutzte Wände putzte er gemeinsam mit seiner Mutter, und mutwillig zerstörte Spielsachen der Geschwister wurden geflickt oder ersetzt. Diese Begleitung erforderte viel Einfühlungsvermögen und

Geduld. Allmählich lernte er, seine Meinung freier zu äußern, und schließlich wurden seine „Rachefeldzüge“ seltener.

Ein Kind, das auf Rache aus ist, hat die Hoffnung aufgegeben, dass es durch eine konstruktive Tätigkeit Anerkennung erlangen könnte. Durch viele entmutigende Erlebnisse ist es zur Auffassung gelangt, dass es von lauter Feinden umgeben sei. Um wenigstens vor sich selbst bestehen zu können, sieht es als einzigen Weg die Möglichkeit, dass es den anderen den Schmerz heimzahlt, den sie ihm zugefügt haben. Ein so stark entmutigtes Kind braucht keine zusätzlichen Strafen, sondern Verständnis und Hilfe, um sein Leben besser bewältigen zu können.

4. Ziel: Rückzug

In der stärksten Phase der Entmutigung finden wir meistens etwas ältere Kinder. Durch viele kleine Niederlagen und Enttäuschung sind die Kinder zur Überzeugung gelangt, dass Rückzug die einzig verbleibende Möglichkeit ist.

Durch viele kleine Niederlagen und Enttäuschung sind die Kinder zur Überzeugung gelangt, dass Rückzug die einzig verbleibende Möglichkeit ist.

Simon war so ein Kind. „Er ist durch und durch faul in der Schule“, klagte mir seine Mutter. „Seine Lehrer sagen, dass er viel mehr leisten könnte. Aber ich bringe ihn einfach nicht dazu, seine Hausaufgaben zu machen. Ständig hat er alle möglichen Ausreden. Er habe Kopfschmerzen, er sei müde, er verstehe die Aufgaben nicht oder er habe sie ganz einfach vergessen. Ich weiß nicht mehr, was ich tun soll. Ich mag nicht mehr. Jetzt überlasse ich ihn einfach seinem Schicksal. Mir fehlt die Kraft, um ihn ständig anzutreiben.“

In diesem Fall hatten Mutter und Sohn eine Gemeinsamkeit: Beide waren zutiefst entmutigt und dabei aufzugeben. Simon war anfangs ein durchschnittlicher, eher etwas langsamer Schüler. Aber seine verständnisvolle Lehrerin konnte ihn immer wieder für den Lernstoff begeistern. Außerdem war da sein Freund, der durch dick und dünn zu ihm hielt. Aber dann musste er ein paarmal die Schule wechseln, weil die Eltern aus beruflichen Gründen umzogen. Mit jeder Umstellung sanken seine Leistungen um ein paar Punkte. Mit den neuen Kameraden konnte er sich nur schwer anfreunden. Die Stadtkinder waren so anders als seine alten Freunde auf dem Lande. Schließlich war der Abstand so groß, dass er aufgab. Welchen Sinn hatte die ganze Lernerei, wenn er doch nicht mitkam?

In der Beratung fanden wir noch einen weiteren Grund für sein Versagen. Sein Vater war ein erfolgreicher Geschäftsmann, der wenig Verständnis für seinen langsamen Sohn zeigte. Für ihn war nur das Beste gut genug, alles Mittelmäßige zählte für ihn nicht. Welche Möglichkeiten hatte dieser Junge, um bei seinem Vater anzukommen? Er sah keine. Also gab er auf. Was nutzten all seine Anstrengungen, wenn er doch nicht beachtet wurde? Seine Faulheit war ein Schrei nach Hilfe und Zuwendung.

Glücklicherweise verstanden seine Eltern diesen Hilferuf. Der Vater nahm sich mehr Zeit für sein Kind und lobte auch die kleinen Fortschritte. Die Mutter unterstützte ihn in der Suche nach neuen Kameraden, indem er andere Kinder einladen durfte und sie dann mit ihnen etwas unternahm. Außerdem suchten sie das Gespräch mit dem Lehrerteam. Simon fasste Mut und begann wieder zu lernen. Er wurde nie zum Klassenprimus, aber er wagte wieder, sich den Herausforderungen zu stellen.

Kinder, die sich in der Phase des Rückzuges befinden, brauchen oft professionelle Hilfe.

Kinder, die sich in der Phase des Rückzuges befinden, brauchen oft professionelle Hilfe. Ihre Enttäuschung und Entmutigung ist so groß, dass sie nur selten das Leben wieder allein „packen“ können.

Das Erkennen der unbewussten Ziele ist ein erster Schritt zu einer wirkungsvollen Erziehung, denn jedes Ziel erfordert eine andere Reaktion. Je früher Sie durchschauen, was abläuft, umso besser können Sie mit Ihrem Kind umgehen.

Manchmal bringt das Aufdecken schon die Lösung. Einer unserer Jungen ärgerte beim Essen immer heimlich seinen Bruder, wenn dieser wortreich seine Erlebnisse schilderte. Statt zu schimpfen, zeigte ich ihm sein Ziel auf, z. B. mit den Worten: „Das ist bestimmt unangenehm für dich, wenn nur dein Bruder spricht. Ich verstehe das gut. Gleich kommst du an die Reihe und dann darfst du deine Erlebnisse fünf Minuten lang ohne Unterbrechung erzählen.“ Das genügte meistens zur Beruhigung der Lage. Heute zaubern die Großen selbst mit diesem „Trick aus der Erziehungskiste“, um den kleinen Bruder in seine Schranken zu weisen. Bei ihnen hört es sich aber weniger pädagogisch an: „Sei still, wir wissen, dass du da bist!“

Das Aufzeigen der Ziele darf auf keinen Fall als Manipulation verstanden und missbraucht werden. Es soll dem Kind zeigen, dass es verstanden und geliebt wird.

Das Aufzeigen der Ziele darf auf keinen Fall als Manipulation verstanden und missbraucht werden.

Zum Nachdenken:

In der Tabelle auf Seite 19 finden Sie die verschiedenen Ziele im Überblick. Jedes Kind hat in seiner Familie eine persönliche Strategie, wie es mit Schwierigkeiten umgeht oder wie es sich durchsetzt.

- Überlegen Sie, nach welchem persönlichen Muster Ihre Kinder reagieren.

Name des Kindes	Hauptproblem	Mögliches Ziel des Kindes

Welche Ziele habe ich?

Auch Eltern haben ihre unbewussten Ziele, die aber oft vom guten Willen („Ich will ja nur das Beste für mein Kind!“) überdeckt sind. Gerade in Konfliktsituationen ist es jedoch besonders wichtig, dass wir uns eingestehen, was tief in uns abläuft.

Mögliche unbewusste Ziele:

- Ich muss es allen recht machen.
- Ich darf keine Fehler machen.
- Ich will die Probleme meiner Kinder lösen.
- Ich will die Kinder kontrollieren.
- Ich will gewinnen.

- Welche Auswirkungen haben die beschriebenen Ziele auf die Eltern?
- Welche Auswirkungen haben sie auf die Kinder und auf den Ehepartner?
- Wie könnte die Beschreibung eines realistischen Ziels lauten?

Gefühle sind wie ein Spiegel

Wenn wir mit Kindern Schwierigkeiten haben, denken wir selten klar analytisch. Da gehen zuerst einmal die Gefühle hoch, man wird von ihnen überrollt und handelt, ohne viel nachzudenken. Gerade weil wir die Kinder lieben, färben Gefühle die Beziehung besonders stark, aufbauende wie niederdrückende. Manchmal könnten wir vor Wut platzen, und dann überflutet uns wieder eine Welle der Zärtlichkeit.

In einer Familie soll es erlaubt sein, dass man die ganze Skala von Gefühlen empfinden und auf angepasste Weise ausdrücken darf.

Die Gefühle der Eltern sind wie ein Spiegel der kindlichen Seele. Ob Freude und Begeisterung, Wut oder Ärger, Enttäuschung oder Verzweiflung – je enger ein Elternteil mit dem Kind verbunden ist, umso stärker wird er von den kindlichen Gefühlen berührt. Ein Blick in diesen Spiegel der Gefühle kann sehr unangenehm oder schmerzlich sein. Es ist nicht schmeichelhaft, wenn einem darin Feindseligkeit oder gar Hass entgegenstarren. Manchmal erzählen mir Mütter, dass sie beinahe verzweifeln, weil sie ihr Kind nicht zu jeder Zeit lieben können. Sabine schämt sich noch heute, wenn sie daran denkt, wie sie ihr Baby manchmal gehasst hat, als es Nacht für Nacht unaufhörlich schrie. „Manchmal hätte ich es am liebsten aus dem Fenster geschmissen", vertraute sie mir einmal an.

Gefühle sind an sich nichts Schlimmes oder Falsches. Sie sind ein Ausdruck unseres Seelenlebens. In einer Familie soll es erlaubt sein, dass man die ganze Skala von Gefühlen empfinden und auf angepasste Weise ausdrücken darf. Während eines Machtkampfes ist es ganz normal, dass alle Beteiligten zornig sind und vor Wut platzen könnten. Wenn man einem Kindergartenkind das Fahrrad wegnimmt, weil es auf der Straße gefahren ist, darf es ärgerlich sein. Das ist ganz normal. Es ist verständlich, dass Kinder sich nicht gerne in ihrer Freiheit einschränken lassen. Als Mutter kann ich also ein gewisses Verständnis aufbringen, wenn mein Kind sich zappelnd auf dem Boden wälzt oder in wütende Tränen ausbricht. Trotzdem darf ich konsequent bleiben.

Das beste Instrument, um die geheimen Ziele der Kinder zu erkennen, sind unsere Gefühle. Sie zeigen sensibel wie ein Fieberthermometer die Temperatur einer Beziehung an. Herrscht die Hitze eines Machtkampfes oder die Kühle der entmutigten Aufgabe? In der Tabelle auf Seite 19 habe ich dargestellt, welche Gefühle ein bestimmtes Ziel begleiten.

Fühlen Sie sich in einer Auseinandersetzung irritiert oder ärgerlich, sucht Ihr Kind wahrscheinlich unangepasste Aufmerksamkeit.

Reagieren Sie zornig, wütend und empört, stecken Sie mit großer Wahrscheinlichkeit mitten in einem Machtkampf.

Fühlen Sie sich verletzt, beleidigt oder traurig, sind Sie auf der Ebene der Rache angelangt.

Sind Sie überwältigt von Traurigkeit und Resignation, ist die Entmutigung auf beiden Seiten am größten und der Rückzug erscheint als einzige Lösung.

Alle Familienmitglieder dürfen ihre Gefühle empfinden und ausdrücken, aber man darf sich durch sie nicht erpressen lassen. Ändern Sie wegen eines kindlichen Wutanfalls nicht Ihre Meinung! Als Eltern können Sie den Ausdruck dieses Ärgers einfach stehen lassen und dem Kind Zeit zugestehen, um sein Gleichgewicht wieder zu finden. Häufig ist es hilfreich, wenn man das Publikum (also sich selbst) aus dem Schlachtfeld entfernt. Eine kurze Atempause im Schlafzimmer, ein längerer Besuch auf der Toilette (bewaffnet mit Lesestoff), ein Stoßgebet am Bügelbrett, Ruhe dank Ohropax – es gibt viele Möglichkeiten, um sich vom Kampfgeschehen zurückzuziehen. Erst wenn der Sturm sich gelegt hat, kommt die Zeit der Einflussnahme und des konstruktiven Gesprächs.

Alle Familienmitglieder dürfen ihre Gefühle empfinden und ausdrücken, aber man darf sich durch sie nicht erpressen lassen.

In der Konfliktlösung ist es wichtig, dass wir negative Gefühle nicht einfach zurückspiegeln und dadurch gefährlich verstärken, wie ein Spiegel, der das Sonnenlicht auf ein Blatt lenkt und es so verbrennt. Manchmal müssen wir unseren inneren Gefühlsspiegel mit einer Schicht Geduld und Festigkeit zudecken und die Strahlen von Wut und Ärger einfach abprallen lassen. Als reifer Erwachsener kann man lernen, den Ausdruck des kindlichen

Ärgers zu akzeptieren, ohne gleich mitzuschwingen. Als Mutter muss ich dann innerlich eine Art Mauer aufbauen, indem ich die Gefühle beim Kind lasse. Ich muss nicht wütend werden, nur weil mein Kind schreit. Ich habe die Wahl, in dieser oder in jener Weise zu reagieren.

Manchmal lassen wir uns von negativen Gefühlen der Kinder zu sehr nach unten ziehen. Wenn das Kind so erbärmlich schluchzt, werden wir butterweich und das Kind gewinnt den Kampf. Mit Tränen kann das Kind alle vier Ziele verfolgen: Aufmerksamkeit oder Überlegenheit, Rache oder Rückzug. Sie merken an Ihren eigenen Gefühlen, wohin die Reise geht.

Natürlich sind wir als Eltern auch keine Heiligen, und es ist kaum möglich, immer Selbstbeherrschung zu wahren. Manchmal ist es auch richtig, dass wir einmal unseren Ärger ausdrücken. Ich erinnere mich mit gemischten Gefühlen an einen eigenen Wutausbruch. Einer meiner Jungen hatte mich so geärgert, dass ich den nächstbesten Gegenstand nahm (es war ein Locher) und nach ihm warf – und ihn sogar traf! Erschrocken rieb er sich den Arm. Die folgenden Stunden war er folgsam wie ein Lamm. Später entschuldigte ich mich für meinen Ausbruch, aber ich war doch erstaunt über die Wirkung. Mein Junge hatte kapiert, dass es mir bitterernst war.

Negative Gefühle zeigen uns, was in einer Beziehung abläuft. Wenn wir uns ihnen ehrlich stellen, können wir besser mit ihnen umgehen und uns und die Kinder besser verstehen.

Zum Nachdenken:

Oft hat man mit einem Kind immer wieder dieselben Zusammenstöße. Schreiben Sie die Hauptreibungspunkte auf und setzen Sie in der unten stehenden Tabelle Ihr empfundenes Gefühl daneben. Anhand der Tabelle auf Seite 19 finden Sie heraus, welches Ziel Ihr Kind bei einem bestimmten Verhalten verfolgt.

- Hinter unseren Gefühlen stecken immer Gedanken. Was denke ich über mein Kind, mit dem ich besondere Schwierigkeiten habe?

- Müsste ich mit jemandem, zum Beispiel einer Freundin/einem Freund, darüber sprechen?

Verhalten des Kindes	**Mein Gefühl**	**Unbewusstes Ziel**

Die Frage nach dem Gewinn

Familie Meier kam wegen der aggressiven Ausbrüche ihres Sohnes zu mir in die Beratung. Die Mutter erzählte: „Gestern hatte Patrick schon am frühen Morgen den ersten Wutausbruch. Alles war ruhig und friedlich. Plötzlich hörte ich ihn wütend fluchen und laut an eine Türe poltern. Dann schrie er seinen Bruder an und die beiden beschimpften sich. Unterdessen hatte mein Mann fertig geduscht und wollte dem Streit ein Ende machen. Er war natürlich selbst sehr gereizt. Zuletzt versuchte ich zu schlichten, aber der Tag war verpatzt, bevor er richtig begonnen hatte. Die Luft war zum Schneiden dick und die nächste Auseinandersetzung eine Frage der Zeit."

Was wird da gespielt?

Das Familienleben erinnert mich manchmal stark an ein Theaterstück. Jeder spielt, meistens unbewusst, eine bestimmte Rolle. In unzähligen Variationen wiederholt sich dasselbe Familienskript.

Untersuchen wir das obige Familiendrama:

Erster Akt: Ein ruhiges Bühnenbild. Die Darsteller beschäftigen sich jeder in seiner Ecke.

Zweiter Akt: Patrick, das Problemkind, tritt als Bösewicht in Aktion. Ein Wutausbruch vor dem WC, das der „brave" Bruder so lange besetzt hält. Lautstarke Auseinandersetzung der Brüder.

Dritter Akt: Der „unschuldige" Bruder erhält Verstärkung. Die Mutter greift schlichtend ein. Auch die Schwester mischt sich ein. Das Problemkind schreit lauter gegen diese Übermacht. Seine Schimpfworte gleiten unter die Gürtellinie.

Vierter Akt: Der Vater spricht (schreit) ein Machtwort.

Fünfter Akt: Der Vater ist wütend, weil er seinen Sohn nicht zügeln kann. Die Mutter fühlt sich als Versagerin, weil sie den Streit nicht schlichten konnte. Der „brave" Bruder beruhigt sich schnell, schließlich haben ihm alle geholfen. Die Tochter verzieht sich zu ihren Freundinnen. Und der Bösewicht? Er fühlt sich, wie gewohnt, ungerecht behandelt. Alle sind immer gegen ihn. Aber wenigstens hat man ihn gehört!

Theaterstücke werden für ein Publikum aufgeführt. Auch Kinder ziehen ihre Nummern nie ohne Zuschauer ab. Im vorliegenden Beispiel ist der Publikumserfolg ganz beträchtlich. Die kleine

Szene an der WC-Türe entpuppte sich sogar als richtiger Hit. Die ganze Familie versammelte sich auf der Bühne und spielte ihre Rolle perfekt. Das Problemkind erhielt jede Menge Aufmerksamkeit, auch wenn sie negativ war. Beim Abgang waren alle gleich: Alle waren Verlierer.

Dieses Stück hätte aber auch ganz anders gespielt werden können. Was wäre wohl passiert, wenn das Publikum nicht aufmarschiert wäre? Die Mutter hätte in der Küche ihre Lieblingsmusik lauter aufgedreht. Der Vater hätte sich unter der Dusche etwas mehr Zeit gelassen. Und die beiden Brüder hätten alleine weiter gestritten. Aber wie interessant ist ein Streit ohne Publikum?

Es gibt eine Frage, die das Rätsel nach dem Grund des Fehlverhaltens löst: Was erreicht das Kind mit seinem störenden Verhalten?

Das fragten sich auch Sinas Eltern. Das sechsjährige Mädchen konnte nicht gut einschlafen. Immer wieder schlich sie sich in die Wohnstube zu den Eltern. Einmal bat sie um ein Glas Wasser, dann jammerte sie über ihre Angst vor dem bösen Wolf oder sie wagte sich nicht allein auf die Toilette.

Wie reagierten die Eltern? Zuerst waren sie sehr verständnisvoll. Sina bekam ihr Getränk und die Mutter saß nochmals zehn Minuten am Bett. Sina wurde auf die Toilette begleitet und die Mutter saß wieder im Zimmer. Irgendwann wurde es den Eltern aber zu bunt und der Vater setzte seine Tochter recht unsanft in ihr Bett. Auch sie hatten schließlich ein Recht auf ein paar ruhige Minuten am Abend. Sina erarbeitete sich mit ihrem Verhalten einen riesigen Gewinn: Sie gestaltete die Abende ihrer Eltern. Diese merkten, dass sie ihr Verhalten ändern mussten, wenn sie ihre Abende in Ruhe genießen wollten.

Auch Claudios Mutter konnte sich zuerst nicht vorstellen, was ihr Sohn mit seinem anstrengenden Verhalten gewinnen sollte. „Er erledigt seine Hausaufgaben erst nach unzähligen Aufforderungen. Wenn er sich dann endlich aufrafft, schreibt er nur das absolute Minimum. Beständig vergisst er etwas. Nie macht er etwas freiwillig oder ohne Aufforderung, dabei ist er erst in der ersten Klasse.“

Was erreichte Claudio mit seinem Verhalten? Auf den ersten Blick nicht viel: eine Reihe teilweise ärgerlicher Aufforderungen, eine gespannte Familienatmosphäre. Aber oftmals wurde Mama irgendwann weich und setzte sich neben ihn und half ihm. Manchmal kriegte er auch Belohnungen in Form einer kleinen Schleckerei, weil er ja so ein armer Junge war mit seinem Schulstress. Claudios Faulheit brachte ihm also einen netten Gewinn: Er gewann die Aufmerksamkeit, die Hilfe oder gar das Mitleid seiner Mutter. Seine gelernte Lektion heißt: Wenn ich genügend lange trödle, werde ich beachtet, und ich bekomme Hilfe.

Auch kranke oder behinderte Kinder verfolgen wie ihre gesunden Geschwister unbewusste Ziele. Doch es braucht Erfahrung, um sie von den möglichen Auswirkungen der Krankheit zu trennen.

Der vierjährige Tim brachte seine Mutter durch seine Essgewohnheiten beinahe zur Verzweiflung. Stundenlang saß er auf ihrem Schoß und ließ sich die Mahlzeit in kleinsten Häppchen einlöffeln. Und dazu wollte er immer eine spannende Geschichte hören. Wann immer die Mutter das Tempo antrieb und mit Erzählen aufhörte, schrie er wie am Spieß. Tim litt am Down-Syndrom und seine Hunger- und Durstempfindungen waren nur ungenügend ausgebildet. Dazu war er körperlich schwach und oft kränklich. Manchmal zogen sich die Mahlzeiten über Stunden hin und die Mutter stieß an ihre Grenzen, denn sie hatte noch zwei weitere Kinder zu versorgen. In der Erziehungsberatung erhielt sie einen guten Gedankenanstoß: „Überlegen Sie doch einmal, was Ihr Kind mit seinem Verhalten gewinnt“, riet ihr die Beraterin. Nun fiel es Tims Mutter wie Schuppen von den Augen: Ihr Junge hatte ja gar keinen Grund, sein Verhalten zu verändern. Auf Mamas Schoß war es doch bequem und die Märchen waren das willkommene Dessert. Nun ging ihr auch auf, wie es zu diesem Verhalten gekommen war: Tim hatte längere Zeit unter einer Erkältung gelitten. Die verstopfte Nase löste wahrscheinlich Ängste in ihm aus, was zur Verweigerung des Trinkens führte. Damals war das fürsorgliche Verhalten richtig. Doch nun merkte die Mutter an ihren Gefühlen, dass ihr Sohn wie ein gesundes Kind das Ziel erhöhter Aufmerksamkeit verfolgte. Langsam reduzierte sie ihren „Service“. Geschichten gab es erst, wenn das Glas Milch getrunken war, und bald schrumpften die Essenszeiten wieder auf die für ihn normale Länge.

Zum Nachdenken:

Beobachten Sie einmal die „Theaterstücke“, die in Ihrer Familie aufgeführt werden.

- Wie sind die Rollen verteilt?
- Welchen Part spielen Sie als Mutter/Vater?
- Wollen Sie den Spielverlauf verändern, indem Sie einfach aus der Rolle aussteigen und etwas anderes ausprobieren?

Fehlverhalten des Kindes: Beschreiben Sie das störende Verhalten möglichst genau!	Ihre Reaktion darauf: Was gewinnt Ihr Kind damit?	Wie könnten Sie anders reagieren?

Streithahn, Hasenfuß und Co.

Als Eltern kann man es manchmal kaum glauben, wie unterschiedlich die eigenen Kinder sind. Das eine Kind ist vielleicht angepasst, freundlich und pflichtbewusst, während sich das andere eigensinnig, laut und unzuverlässig gebärdet. Obwohl Familien eine Einheit bilden, mit gemeinsamen Vorfahren, gemeinsamen Erlebnissen und gemeinsamen Regeln der Kommunikation und des Zusammenlebens, entwickelt jedes Kind eigene Charakterzüge, eigene Willensentscheidungen, eigene Wünsche, Träume und Ansichten. Unbewusst wächst jedes Kind in eine Rolle hinein, die seiner Persönlichkeit entspricht und die gerade frei ist.

Vielleicht glänzt in einer Familie ein sehr braves und intelligentes Kind. Ein Familienstar. Er kann zum „Schicksal" seiner Geschwister werden: Immer ist er ihnen einen Schritt voraus. Immer weiß er alles besser. Immer steht er im Zentrum der Bewunderung. Die „normalen“ Kinder haben daneben keine Chance. Vielleicht wird eines dadurch so stark entmutigt, dass es keine andere Möglichkeit mehr sieht, als mit aggressiven Verhaltensweisen die Aufmerksamkeit der Eltern zu gewinnen. Im Schatten des gefeierten Unschuldslammes wird es zum schwarzen Schaf der Familie.

Auch ein schwieriges Kind beeinflusst seine ganze Familie: Eltern und Geschwister. Mit seinen Krisen bestimmt es den Takt in seiner Familie, seine Launen tönen die Familienstimmung, seine Bedürfnisse prägen den Tagesablauf.

Einen gewissen Einfluss hat auch die Reihenfolge, mit der Kinder die Familienbühne betreten. Es macht einen Unterschied, ob man als erstes von vier Kindern, als jüngeres von zweien oder als Nachzügler auftritt.

Das Erstgeborene kann sich im Schoß der Familie so richtig breit machen. Es genießt die volle Aufmerksamkeit seiner Eltern und wird entsprechend umsorgt und vorgezeigt. Jeder kleine Fortschritt wird bemerkt und gefeiert und jeder Rückstand wird besorgt besprochen.

Die Ankunft eines Geschwisterkindes ist für das Erstgeborene oft ein einschneidendes Erlebnis. Plötzlich schreit da so ein kleines Wesen und nimmt Mama ganz für sich ein. Das älteste Kind wird aus seiner angenehmen Rolle als Mittelpunkt abgesetzt und regelrecht entthront. Vorschulkinder reagieren oft aggressiv und eifersüchtig gegen das kleine Geschwisterkind und sprechen offen aus, dass sie den Rivalen loshaben möchten.

Später hat das Erstgeborene alle Hände voll zu tun, um die nachwachsenden Rivalen unter Kontrolle zu halten. Von ihm wird oft mehr verlangt als von den Kleinen, und es muss in der Pubertät die Ablösung von den Eltern einleiten, was nicht immer leicht ist.

Älteste Kinder sind oft erfolgreicher als die jüngeren Geschwister, das zeigt z. B. die Statistik der NASA: 21 von 23 Astronauten sind Erstgeborene.

Mittlere Kinder:
Man spricht bei ihnen oft vom „Sandwichkind“. Mittlere Kinder genießen weder die Rechte des Ältesten noch die besondere Fürsorge des Jüngsten. Oft haben sie das Gefühl, dass sie zu kurz kommen. Deshalb sind sie ganz besonders auf Gerechtigkeit aus

und kämpfen oft um jede Kleinigkeit, als wenn ihre Existenz auf dem Spiel stünde.

Durch ihre „eingeklemmte“ Stellung entwickeln sie aber oft ein Geschick zum Taktieren und Verhandeln. Clever zählen sie sich zu den Großen, wenn es um ein Privileg geht, und wechseln blitzschnell zur Gruppe der Kleinen, wenn es um das Erledigen von Pflichten geht. Diese Fähigkeit des Anpassens und Ausnutzens der Möglichkeiten wird ihnen auch im späteren Leben viel nützen.

Das jüngste Kind:
Das Familienbaby hat viele Erzieher. Unsere beiden großen Jungen waren oft sehr besorgt, dass ich den kleinen Nachzügler verwöhnen würde, und so halfen sie kräftig mit, die Energie des Kleinen in gute Bahnen zu lenken. Das jüngste Kind hat oft einen besonderen Platz im Herzen seiner Mutter und wird leicht verwöhnt und überbehütet. Andererseits genießt es gewisse Freiheiten viel früher als seine Geschwister. Dafür kann sich die Ablösung vom Elternhaus schwieriger gestalten, weil dies für die Eltern den Abschluss ihrer Elternrolle bedeutet. Jüngere Kinder sind manchmal entmutigt, weil sie ihre Geschwister nie einholen können. Diese Schwäche können sie z. B. mit Charme oder großem Ehrgeiz überspielen.

Alle Positionen im Familiengefecht haben also ihre Vor- und Nachteile. Als Eltern muss man diese weder völlig ausgleichen noch speziell fördern. Jedes Kind hat in der Familie sein eigenes Schicksal und ein Teil davon ist auch sein Platz in der Geschwisterfolge. Es wird erst ungesund, wenn ein Kind als schwarzes Schaf ausgestoßen wird oder wenn ein Elternteil die Elternebene verlässt und sich mit den Kindern zusammentut. In einem gesunden Familiensystem stehen Mutter und Vater auf der Elternebene zusammen. Die Kinder werden gemeinsam ins „Kinderboot" gesetzt, wo die Eltern für Ordnung sorgen. Die „Leine" zum Boot wird Jahr um Jahr verlängert, bis die Kinder schließlich in die Unabhängigkeit entlassen werden können.

Zum Nachdenken:

Mein Familienbild:

Ermutigung: Du bist o.k.

Bei Familie Brunner herrschte dicke Luft. Jeden Tag ärgerte sich der Vater beim Heimkommen schon vor der Haustüre über seine Kinder. Trotz allem Bitten, Mahnen, Schelten stellte vor allem Thomas sein Fahrrad nicht ordentlich und vor Dieben sicher in die Garage, sondern er ließ es achtlos auf der Einfahrt liegen. Oftmals stand die Stimmung beim Essen deshalb auf Sturm. Murrend stellte der Vater jeweils die Fahrräder spät nachts selbst an den richtigen Ort, zornig, wie man sich leicht vorstellen kann. Er fühlte sich missbraucht. Warum gehorchte sein Sohn nicht? Thomas war auch sonst schwierig: Er machte seine Hausaufgaben nur flüchtig, bei jeder kleinen Meinungsverschiedenheit explodierte er und schrie die gröbsten Schimpfworte durch die Wohnung. Als er dann bei einem Ladendiebstahl erwischt wurde, wussten die Eltern nicht mehr weiter. Auch dem Jungen ging es hinter seiner harten Schale nicht gut. Eltern und Sohn waren verunsichert und entmutigt. Wo waren in dieser Familie die Weichen falsch gestellt worden?

Die Mutter versuchte es mit guten Worten, Bitten und Überzeugen. Der Vater fand, reden allein genüge nicht, man müsse endlich hart durchgreifen.

Wer von den beiden hat recht?

Vier Ebenen einer ermutigenden Erziehung

Eine ermutigende Erziehung ist ganzheitlich. Sie beschränkt sich weder allein auf die Forderung nach absolutem Gehorsam und strengen Strafen noch auf einen Redeschwall. Eine ganzheitliche und wirkungsvolle Erziehung geschieht auf den vier Ebenen: bedingungslose Annahme, Lehren, Üben, Korrigieren.

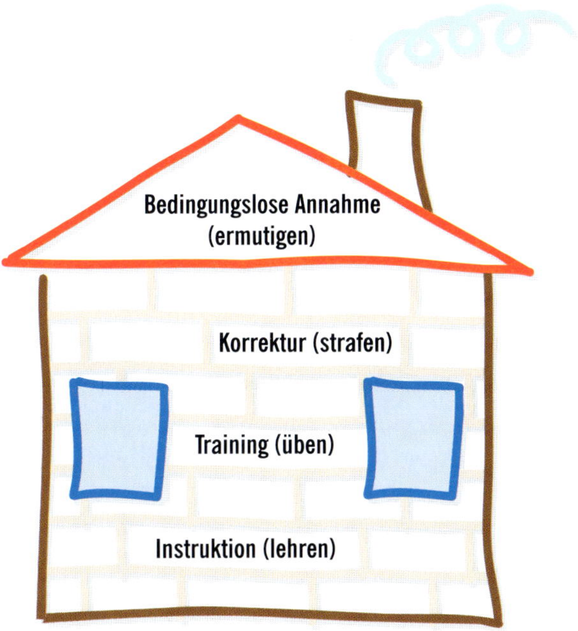

Als Mutter von drei Jungen komme ich mir hin und wieder wie die Trainerin einer Fußballmannschaft vor. Ein erfolgreicher Coach bringt seine Mannschaft nicht nur durch strengen Drill auf Erfolgskurs. Er setzt auf verschiedenen Ebenen an, um seine Spieler zu selbstbewussten Athleten zu machen.

Bedingungslose Annahme: Zuerst muss der Coach ein Ja zu seinen Spielern finden. Sie können zwar alle Fußball spielen, aber sie haben ihre Ecken und Kanten, ihre empfindlichen Seiten und Minderwertigkeitsgefühle. Es ist deshalb seine Aufgabe, die schlummernden Talente zu erkennen und zu wecken, um sie entsprechend ihrer Persönlichkeit einzusetzen, damit zuletzt eine schlagkräftige Mannschaft entsteht.

Als Eltern begleiten wir auch so ein kleines Team. In der Regel haben wir uns von Herzen auf jeden kleinen Mitspieler gefreut, aber glücklicherweise konnten wir ihre Charaktereigenschaften und Begabungen oder auch das Geschlecht nicht auswählen. Die erste und anspruchsvolle Aufgabe besteht darin, jedes unserer Kinder so anzunehmen, wie es ist. Dies fällt uns vielleicht über längere Zeiträume hinweg sehr leicht, wenn das Kind sich nach unseren Vorstellungen entwickelt. Aber es gibt immer wieder schwierige Situationen, wo ein Kind sich innerlich meilenweit entfernt oder sich unmöglich verhält. Auf dem Boden enttäuschter Hoffnung wachsen Groll und Vorwürfe statt Liebe und Annahme. Gerade dann zeigt sich, dass Liebe viel mehr ist als ein warmes Gefühl, nämlich ein Festhalten an einer Beziehung, egal was passiert, ein Ausharren, auch wenn noch keine Lösung in Sicht ist, ein Suchen nach dem guten Kern, auch wenn er durch das schlechte Verhalten beinahe verdeckt wird.

Lehren: Liebe und Annahme durch den Trainer machen noch keine gute Mannschaft. Ein Trainer muss auch ein guter Lehrer sein. Er zeigt seinen Spielern grundlegende Fertigkeiten, taktische Manöver, technische Feinheiten, studiert mit ihnen die Stärken und Schwächen des Gegners, und er ermutigt, tröstet und ermahnt, wenn sie eine Niederlage einstecken müssen.

Auch wir Eltern üben mit den Kindern. Tag um Tag bringen wir ihnen unendlich viele Dinge bei. Oft bemerken wir es gar nicht, dass wir unablässig Lehrende sind und den Kindern all das zeigen, was sie zum Leben brauchen.

Training: Training ist nicht immer angenehm. Hin und wieder ist es mühsam, Kräftezehrend, langweilig oder anstrengend.

Dabei stellt sich der Lernerfolg meistens eher zögernd ein. Es ist manchmal kaum zu fassen, wie lange es dauert, bis ein Kind die Zähne sauber putzt, das Essen wie ein zivilisierter Mensch einnimmt oder gar sein Zimmer selbstständig aufräumt. Welche Mutter hätte zwischendurch nicht am liebsten die Stelle gekündigt?

Korrektur: Manchmal spielt auch eine gute Mannschaft schlecht. Keiner tut mehr als ein Minimum, niemand mag dem anderen den Erfolg gönnen. Es wird gestoßen und gefoult und ein Fehlpass folgt dem anderen. Ein guter Trainer wird nun nicht einfach strafend eingreifen. In seiner Enttäuschung brüllt er vielleicht einen nachlässigen Spieler einmal an oder er verpasst ihm ein paar Extrarunden auf der Aschenbahn. Sein Hauptziel wird aber sein, die freiwillige Mitarbeit seiner Mannschaft zu gewinnen.

Auch in der besten Familie müssen die Eltern korrigierend eingreifen, denn sie besteht aus lauter Mitgliedern, die auch hin und wieder Fehler machen. Kinder brauchen Grenzen, damit sie sich sicher fühlen. Wie wir später sehen werden, muss die Korrektur nicht nur aus Strafen bestehen. Es gibt andere Möglichkeiten, um die Mitarbeit der Kinder zu gewinnen.

Du kannst es

Auffällige Kinder sind meistens besonders entmutigt. Auf irgendeine Art haben sie es immer wieder erlebt, dass sie schwächer, sensibler, dümmer, ungezogener, ungeschickter als ihre Geschwister waren. Das Trommelfeuer von entmutigenden Erlebnissen durchlöchert das Selbstwertgefühl dieser Kinder und zeigt sich oft in unangepasstem Verhalten. Deshalb beginnt jede Veränderung mit Ermutigung. Um eine Schwäche auszugleichen, braucht es mindestens die doppelte Menge von positiven Rückmeldungen! Auch wenn ein äußerlich aggressives Kind uns stark erscheint wie ein wütender Bär, ist es innerlich verletzlich und zerbrechlich wie ein Schmetterling. „Ermutigung bedeutet, diesen inneren Schmetterling entdecken, ihm helfen, seine Flügel zu entfalten, und sich an seinem unbeschwerten Flug freuen."[6]

Kinder brauchen Erfolgserlebnisse. Jeden Tag sollten sie spüren, dass ihre Eltern an ihre Fähigkeiten glauben, sie wertschätzen, ihnen etwas zutrauen. Diese positive Haltung lässt das Kind innerlich erstarken und seine schlummernden Talente ausreifen.

Ermutigung hat viele Gesichter:

Ermutigung heißt: das Kind annehmen, wie es ist

Jedes Kind braucht fortwährend die Bestätigung, dass es gut genug und geliebt ist. Beobachten Sie sich einmal selbst: Vermitteln Sie Ihrem Kind die Botschaft: „Du bist vollkommen gut, so, wie du bist?" Oder kann es sein, dass Sie ihm durch abwertende Bemerkungen oder auch abweisende Gesten ohne Worte zu verstehen geben, dass es Ihren Erwartungen nicht entspricht?

Das Kind annehmen bedeutet nicht, dass Sie all seine Fehlhandlungen akzeptieren müssen. Welche Verhaltensweisen Ihr Kind auch immer wählt, ob es sich schmollend zurückzieht, wütend eine Vase zerbricht oder die Schulaufgaben verweigert: Immer sollten wir zwischen dem Handelnden und der Handlung unterscheiden. Das Kind selbst ist nie verwerflich, seine Handlungen aber manchmal schon!

Immer sollten wir zwischen dem Handelnden und der Handlung unterscheiden.

Ermutigung heißt: an das Kind glauben

Ein entmutigtes Kind glaubt meistens nicht mehr daran, dass es sein Leben auf angemessene Weise bewältigen kann. Es braucht dann jemanden, der stellvertretend für es glaubt. Für die Eltern ist das nicht immer einfach, denn auch sie verlieren durch Misserfolge die Zuversicht, dass ihr Kind sein Leben meistern wird.

Der Sog der Entmutigung kann schon früh beginnen, wenn man zu viel von einem Kind verlangt. Deshalb sollten wir unsere Erwartungen an sie immer wieder überprüfen. Ein hyperaktives Kind wird nie die Ordnung in Person sein, ein ängstliches Kind nie als Rambo die anderen führen, ein lerngestörtes mausert sich kaum zum Klassenprimus, aber alle können und sollten das einbringen, was ihren Gaben entspricht. An das Kind glauben bedeutet, seine Fähigkeiten einigermaßen realistisch einschätzen und ihm zutrauen, dass es sich innerhalb seiner Grenzen entfalten kann. Als Mutter oder Vater muss ich dabei einige Träume und Wünsche loslassen. Es wäre so schön, ein pflegeleichtes, intelligentes, beliebtes Kind zu begleiten. Aber nun hat mir Gott ein sehr sensibles Kind anvertraut. Erst wenn ich meine Erwartungen loslasse, kann ich die Schätze entdecken, die in meinem Kind verborgen liegen, und daran glauben, dass es diese entfalten kann.

Ermutigung heißt: kleine Erfolge planen

„Du kannst es.“ Diese Botschaft baut ein Kind auf! Jedes Kind sollte täglich ein kleines Erfolgserlebnis feiern können. Eltern können Erfolge planen, indem sie große Aufgaben in viele kleine Schritte aufteilen. Wenn wir vor einem hohen Berg stehen, erscheint es uns unmöglich, je dort oben anzukommen. Doch wenn wir die Route auf der Karte studieren, sie in kleine Etappen einteilen und genügend Pausen einplanen, kämpfen wir uns langsam aber sicher zum Gipfel vor. Genauso ist es bei der Begleitung von Kindern. Wenn wir zu viel auf einmal von einem Kind fordern, erleben wir einen Misserfolg nach dem anderen, und das schlägt auf die Stimmung aller Beteiligten. Unser Blick richtet sich dann vor allem auf das, was das Kind nicht kann. Setzen wir hingegen kleine und erreichbare Ziele, dann feiern das Kind und die Eltern einen Erfolg nach dem anderen. Alle schöpfen neue Hoffnung. Der unglückselige Sog der Entmutigung ist gestoppt und die Spirale kann sich wieder aufwärts drehen.

Jedes Kind sollte täglich ein kleines Erfolgserlebnis feiern können.

Ein Kind mit Lernschwierigkeiten wird seine Hausaufgaben nicht auf einen Streich bewältigen können. Zuerst sitzt die Mutter vielleicht die ganze Zeit neben ihm und hilft ihm beim Lernen. Dann baut sie die Hilfe Schritt um Schritt zuerst bei den leichten Fächern ab. Jeder kleine Akt der Selbstständigkeit wird gelobt und belohnt. Wenn die Mutter oder der Vater nicht mehr so lange bei den Aufgaben helfen muss, dann bleibt z. B. Zeit für einen Ausflug ins Hallenbad. Ein chaotisches Kind wird schritt-

weise zu einer Struktur geführt. Zuerst lernt es, sich an abgemachte Zeiten zu halten, dann ordnet es seinen Tornisterinhalt, mit Hilfe der Mutter räumt es sein Zimmer auf, schließlich wird die Hilfe langsam abgebaut. Schritt für Schritt lernt das Kind, seine Umwelt zu ordnen, und langsam wächst eine Struktur. Ein einziger riesiger Sprung zum ordentlichen Kind wäre eine glatte Überforderung. Aber auch nach diesem Aufbauprogramm wird es nie zu hundert Prozent Ordnung halten. Bei seiner Charakterstruktur sind achtzig Prozent schon ein riesiger Erfolg und sollten gebührend gelobt werden.

Ermutigung heißt: dem Kind etwas zumuten

Die Schwäche eines Kindes verleitet uns, dass wir ihm alle Steine aus dem Weg räumen oder es zu sehr an uns binden. Doch jeder kleine Schritt in die Selbstständigkeit erhöht das Selbstwertgefühl. Auch ein sensibles Kind soll im Rahmen seiner Möglichkeiten mithelfen. Die Grenze zwischen Verwöhnung und Überforderung ist nicht immer leicht zu erkennen. Kann ich es beispielsweise meinem Heimwehkind zumuten, ein Wochenende bei den Großeltern zu verbringen, damit wir als Eltern ausspannen können? Darf ich einem zweijährigen Kind zumuten, dass es in seinem Bett schläft, auch wenn es beim Einschlafen weint?

Jeder kleine Schritt in die Selbstständigkeit erhöht das Selbstwertgefühl.

Wenn man seinem Kind nichts zutraut, stellt man möglicherweise schon früh die Weichen für ein Ausweichverhalten. Auch später wird es sich nicht zutrauen, dass es eine Schwierigkeit bewältigen kann. Bei allen Übungen zur Selbstständigkeit ist es wichtig, dass man einen Fehlschlag nicht zu hoch bewertet. Hauptsache ist doch, dass das Kind etwas gewagt hat. Beim nächsten Mal gelingt dann vielleicht auch die Durchführung.

Zum Nachdenken:

Wenn Eltern bei mir Rat suchen, sind sie oft ganz verzweifelt über das Verhalten ihres Kindes. Frage ich sie nach positiven Seiten ihres schwarzen Schafes, bleibt es oft sehr lange still, weil sie sich auch mit dem besten Willen an nichts Gutes erinnern. Als erste Hausaufgabe lasse ich diese Eltern dann nach fünf guten Eigenschaften ihres Kindes suchen.

Haben Sie auch so ein Sorgenkind? Dann hilft Ihnen diese Aufgabe, die Stärken Ihres Kindes nicht aus den Augen zu verlieren.

Fünf positive Eigenschaften meines Kindes	So will ich sie fördern
1)	
2)	
3)	
4)	
5)	

Kommunikation – mehr als nur reden

„Meine Kinder hören mir gar nicht richtig zu, wenn ich etwas von ihnen verlange."

„Ich halte nichts von langen Familienpalavern. Das nützt doch nichts!"

Viele Kinder sind „elterntaub".

Solche Einwände höre ich oft im Gespräch mit Eltern. Tatsächlich wird heute zu viel geredet und zu wenig gehandelt. In der Fachwelt spricht man von einer weitverbreiteten neuen Kinderkrankheit: Viele Kinder sind elterntaub. Mama spricht und ermahnt, Papa schimpft und schreit, aber ihre Worte verhallen ohne Folgen. Niemand hört genau zu, und vor allem: Niemand macht, was sie verlangen. Diese Art der Kommunikation hat nichts mit der wirkungsvollen Gesprächsführung zu tun, die ich Ihnen gleich vorstellen werde.

Reden mit Auswirkung

Erziehen beginnt immer mit Kommunikation. Schon vor dreitausend Jahren fasste König Salomo seine väterlichen Weisheiten über die Erziehungsarbeit so zusammen: „Höret, meine Söhne, die Mahnung eures Vaters; merkt auf, dass ihr lernet und klug werdet. Denn ich gebe euch eine gute Lehre … Ich will dich den Weg der Weisheit führen; ich will dich auf rechter Bahn leiten.“[7] Erziehung bedeutet zuerst Leitung durch zuhören und erklären, anweisen und zurechtweisen.

Erziehen beginnt immer mit Kommunikation.

a) Lehren durch das Vorbild der Eltern

Taten sprechen viel lauter als Worte. Sprachwissenschaftler haben herausgefunden, dass Worte nur 10% einer Botschaft ausmachen. 90% übermitteln wir durch die begleitenden Gesten oder den Tonfall. Schon ein kleines Kind merkt am Klang der mütterlichen Stimme, ob es ihr wirklich ernst ist mit einer Zurechtweisung. Entsprechend ist seine Reaktion.

Kinder durchschauen ihre Eltern erstaunlich schnell. Wenn der Vater beim kleinsten Hindernis „ausrastet“, wird es schwer sein, den Sohn zu einer ruhigen Konfliktlösung zu erziehen. Wenn in der ganzen Wohnung Mutters Chaos herrscht, werden die Kinderzimmer kaum als Inseln der Ordnung auffallen.

b) Lehren durch Erstellen von Familienregeln

Jede Familie braucht ein gewisses Maß an Ordnung. Jeder Staat, jede Klasse und jede Familie braucht Regeln, um gesund zu funktionieren. In einer Familie dürfen und sollen die Eltern den äußeren Rahmen vorgeben, denn die Kinder wären überfordert, wenn sie ihr Leben in eigener Regie gestalten müssten. Umgangsformen, Essenszeiten, Arbeiten, die die Kinder erledigen sollen und vieles mehr bestimmen die Eltern. Meistens sehen die Kinder ein, dass die Forderung nach ihrer Mitarbeit angemessen ist, und tragen gute Ideen zur Lösung bei. In einer gut organisierten Familie herrscht nicht mehr das Gesetz des Stärkeren, das Racheakte und Vergeltungsmaßnahmen provoziert.

Viele Eltern klagen über Streitereien beim Essen. Als erster Schritt empfiehlt sich hier eine feste Sitzordnung. Wir saßen über mehrere Jahre hinweg nach dem Alter aufgereiht am Tisch: Ältester – Vater – Mittlerer – Mutter – Jüngster. Wir Eltern dienten als eine Art entmilitarisierter Zone zwischen den Kinderfronten. So war es beinahe unmöglich, den Bruder unter dem Tisch zu treten oder sonst zu ärgern. Später wünschten die Kinder, dass sie nebeneinander sitzen durften. Wir entsprachen diesem Wunsch gerne, solange sie keinen Unfug trieben.

Regeln, die eingehalten werden sollen, müssen bestimmte Eigenschaften haben.

Gute Regeln sind

- ***genau umschrieben:*** Man kann gemeinsam mit den Kindern festlegen, wer, wie, wann und weshalb eine Aufgabe übernimmt. Es beruhigt das Familienleben, wenn man ausführlich bespricht, wer an welchem Tag, zu welcher Zeit den Tisch abräumt, wer wann ins Bett geht, wohin die Duplos gehören, wie ein aufgeräumtes Zimmer aussieht usw. Das Besprochene wird auf einem Blatt schriftlich festgehalten und an einem zentralen Ort in der Wohnung aufgehängt. Als Mutter verliert man oft die Übersicht, wer nun mit einer gewissen Aufgabe tatsächlich an der Reihe ist. Das nutzen die Kinder teilweise schamlos aus. Eine Tabelle vermeidet manchen unnötigen Streit und verhilft zu mehr Gerechtigkeit.

- ***vorhersehbar:*** Kinder (und Erwachsene) hassen es, wenn sie plötzlich mit einem Auftrag überfallen werden oder wenn sich die Spielregeln ständig ändern. Deshalb sind bei kleinen Kindern Gewohnheiten oder Rituale sehr hilfreich. Abends wirkt ein stetig sich wiederholendes Gute-Nacht-Ritual entspannend und hilft beim Einschlafen: Abendessen – Kuschelzeit bei Papa – Waschen und Zähneputzen – Singen und eine kurze Geschichte im Bett (ohne Verlängerung) – ein letzter Schluck Wasser – evtl. Nachtlicht an – Ende der Service-Leistungen.

  Auch bei Ausnahmen wirken Regeln beruhigend. Wenn Besuch kommt, darf das Kind etwas länger aufbleiben, falls es sich ruhig verhält und sich den Spielregeln, die bei Besuchen von Erwachsenen gelten, anpasst. Sobald es den Besuch oder die Eltern „nervt", wählt es damit, ins Bett gebracht zu werden. Ein ängstliches Kind darf im Bett der Eltern einschlafen, falls es sich ruhig in sein Bett zurücktragen lässt, wenn sich die Eltern schlafen legen.

- ***sinnvoll:*** Ich wünschte mir, dass unser Haus ständig blitzblank geputzt und ordentlich aufgeräumt wäre. Das ist jedoch kaum durchsetzbar. In den Zimmern meiner Jungen herrscht meistens eine „Arbeitsordnung", wie sie es nennen. Alles liegt griffbereit (aus meiner Sicht chaotisch) herum. Wir haben nun eine durchführbare Regel aufgestellt, die verlangt, dass sie ihr Zimmer einmal pro Woche aufräumen und Staub saugen. Bei kleineren Kindern kann das Einrichten einer Spielecke im Wohnzimmer sinnvoll sein, in der jeweils für eine Woche das gerade beliebteste Spielzeug zu finden ist.

- ***Folgen bei Nichtbeachtung:*** Jede Regel stellt auch eine gewisse Verlockung zur Missachtung dar. Die Kinder sollen wissen, was geschieht, wenn sie aus der Reihe tanzen. Dafür eignen sich besonders die logischen Folgen, auf die ich später eingehen werde.

  Natürlich soll eine Familie nicht zu einem Polizeistaat werden. Das Volk Israel brauchte nur zehn Gebote, um das Zusammenleben zu regeln. So sind in einer Familie wenige Regeln, für deren Beachtung Sie aber sorgen, wertvoller als lange Listen von Vorschriften, die man gar nicht alle umsetzen kann.

c) Lehren durch hilfreiches Gespräch

Nicht jedes Gespräch ist von Nutzen. Heute wird in der Erziehung zu viel gesprochen und zu wenig gehandelt. Achten Sie deshalb auf folgende Punkte:

- ***aktives Zuhören:*** Verstehe ich wirklich, was mein Kind sagen will? Es ist oft kaum zu glauben, wie sehr man nebeneinanderher reden kann. Vergewissern Sie sich durch Rückfragen, ob Sie wirklich dasselbe meinen wie Ihr Kind.

- ***Augenkontakt herstellen:*** Schon kleine Kinder sind manchmal erstaunlich schwerhörig, wenn sie ihr Spiel unterbrechen oder eine spannende Tätigkeit, wie das Ausräumen einer Schublade, beenden sollen.

  Haben Sie auch schon einmal eine Aufforderung durch die Wohnung gerufen, und es hat sich überhaupt nichts geregt? Eigentlich ist es sehr verständlich, dass sich kein Kind freiwillig für eine Arbeit meldet, wenn dies auch die Schwester oder der Bruder tun könnte. Also gehen alle stillschweigend in Deckung und hoffen, dass es den anderen treffen wird. Als Elternteil fühlt man sich gegenüber dieser gemeinsamen Front ohnmächtig und wird wütend. Der Ausweg aus dieser Falle heißt Augenkontakt. Wenn wir etwas von einem Kind wollen, sollten wir uns die Zeit nehmen, um Blickkontakt mit ihm aufzunehmen, damit wir uns vergewissern können, dass es uns wirklich verstanden hat. So entfällt dann auch die Ausrede, dass es unsere Aufforderung (leider) nicht verstanden habe.

- ***einmalige Aufforderungen:*** Vor einiger Zeit besuchten wir einen Elternabend. Erstaunlich, was die verschiedenen Lehrer und Lehrerinnen über dieselbe Klasse berichteten! Vor allem ein Lehrer klagte, dass er dieser Rasselbande alles zehnmal erklären müsse. Ganz anders klang es von der Klassenlehrerin. Bei ihr hörten dieselben Kinder auf Anhieb. Die Kinder wussten also genau, mit wem sie spielen konnten und mit wem nicht. Genauso gut wissen sie, bei welchem Elternteil Folgen drohen und bei wem es nur eine Flut von Ermahnungen gibt. Ein normal intelligentes Kind ist durchaus in der Lage, eine einfachere Botschaft beim ersten Mal zu verstehen. Lassen Sie als Mutter oder Vater nicht beliebig Spielchen mit sich treiben.

- ***keine leeren Drohungen:*** Leere Worte fruchten nichts. Noch heute erinnere ich mich an eine Autofahrt, wo ich das eindrücklich beobachtete. Ich saß mit einer Freundin und vier Kleinkindern im Auto. Es war sehr eng. Schon bald stritten die Kleinen hinten auf den Rücksitzen lautstark. Plötzlich verlor meine Freundin die Nerven und schrie ihre Tochter an: „Wenn du nicht endlich still bist, lade ich dich aus, und du kannst nach Hause laufen." Die Tochter war für eine kurze Denkpause still, dann ging der Lärm unverändert weiter. Das Kind wusste nur zu gut, dass seine Mutter es nie in einer fremden Umgebung aussetzen würde! Wahrscheinlich wäre es sinnvoller gewesen, wenn wir für eine kurze Zeit angehalten hätten, damit die Kinder sich bewegen konnten.

Reden allein genügt meistens nicht, um Kinder in gesunde Bahnen zu lenken. Es gibt daneben noch andere Mittel, um in einer guten Art Grenzen zu setzen.

Methode	Beschreibung	wann einsetzen	gelernte Lektion
Kommunikation	Klare Darstellung der Situation, Ihrer Erwartungen und der Konsequenzen für das Fehlverhalten.	Immer und bevor man etwas anderes versucht.	Ich sehe die Vor- und Nachteile meines Verhaltens. Ich übernehme die Verantwortung.
Natürliche Konsequenzen	Nicht aktiv handeln, sondern die Natur walten lassen.	Nur bei ungefährlichen Folgen.	Wenn ich gegen den Rat meiner Eltern bestimmte Dinge tue, sind die Folgen unangenehm für mich.
Logische Konsequenzen	Planen einer negativen Folge für ein Fehlverhalten, die in einem logischen Zusammenhang mit dem unerwünschten Verhalten steht.	Sobald das Kind logische Zusammenhänge erkennen kann. Eignet sich auch für Kinder in der Pubertät.	Wenn ich wähle, gegen Regeln zu verstoßen, hat das unangenehme Folgen für mich.
Verstärkung durch Belohnen	Belohnen und oder Loben von gewünschten Handlungen.	Immer positive Rückmeldungen bei gutem Verhalten. Materielle Belohnungen sorgfältig auswählen.	Angepasstes Verhalten lohnt sich.
Ignorieren	Negatives Verhalten zum Gewinnen von Aufmerksamkeit wird übersehen.	Gezielt anwenden, z. B. bei sinnlosen Machtkämpfen oder Trotzanfällen von Kleinkindern.	Wenn ich mich unangenehm bemerkbar mache, werde ich nicht beachtet.

Zum Nachdenken:

Wie rede ich mit den Kindern?

- Verstehe ich, was mein Kind sagen will?
- Wie oft wiederhole ich eine Aufforderung?
- Halte ich mein Wort?

Unsere Familienregeln:

Jede Familie hat ihre eigenen Regeln für das Zusammenleben. Oft werden diese aber nicht klar ausgesprochen, sondern hängen als allgemeine Erwartungen in der Luft.

- Schreiben Sie die fünf wichtigsten Regeln auf, die in Ihrer Familie gelten.
- Überlegen Sie, wie Sie sie in die Praxis umsetzen können.

Meine Erziehungsmethoden:

Welche Erziehungsmittel verwende ich im Umgang mit den Kindern? Führen Sie ein paar Tage lang Buch.

- Wo liegt der Schwerpunkt?
- Erstellen Sie eine Liste mit den größten Erziehungsproblemen und überlegen Sie, welches Erziehungsmittel in den verschiedenen Fällen die beste Wirkung haben würde.

Methode	Anzahl Anwendung pro Woche
Kommunikation	
Verstärkung	
Ignorieren	
Natürliche Konsequenzen	
Logische Konsequenzen	
Körperstrafe	

Verstärken oder ignorieren – das Verhalten lenken

Ein Verhalten wird durch Belohnung verstärkt. Dies erleben wir täglich. Wenn mein Chef mich für eine Arbeit lobt, werde ich mich wieder einsetzen. Wenn ein Kind eine gute Note bekommt, wird es sich in der Regel mit neuem Schwung hinter die Hausaufgaben setzen. Erhält es hingegen eine ganze Serie schlechter Zensuren, wird es den Mut verlieren und möglicherweise gar nichts mehr tun.

In der Erziehung wendet man sehr oft Verstärker an, ohne dass man sich dessen bewusst ist.

Der russische Psychologe Pawlow, ein Pionier der Verhaltenstherapie, untersuchte in vielen Tierversuchen, wie man Verhaltensweisen beeinflussen kann. Dabei fand er heraus, dass ein Verhalten durch positive oder negative Rückmeldungen von außen verstärkt oder ausgelöscht wird. Ganz per Zufall nahm ich kürzlich bei unseren beiden Katzen eine solche „Konditionierung“, wie Pawlow diesen Dressurvorgang nannte, vor. Immer, wenn ich sie fütterte, schlug ich mit einem Löffel auf den Futternapf, um die Reste der Katzennahrung davon zu entfernen. Sobald diese Schläge ertönten, strichen unsere beiden Katzen erwartungsvoll schnurrend um meine Beine, gleichgültig in welcher Ecke sie gerade dösten. Stellen Sie sich vor, wie sie reagieren würden, wenn sie nach dem Klopfen einen Stromstoß erhielten! Angenehme Konsequenzen verstärken ein gewünschtes Verhalten, während unangenehme Folgen dessen Häufigkeit verringern.

In der Erziehung wendet man sehr oft Verstärker an, ohne dass man sich dessen bewusst ist: Ein Kind macht die ersten Schritte – die Eltern sind sein begeistertes Publikum – trotz einer unsanften Landung auf dem Po wird es mit den Gehversuchen fortfahren. Es baut einen hohen Turm – Mama erzählt es stolz der Patentante – es wird noch mehr Klötze aufeinander bauen. Unsere Reaktion bestimmt mit, ob ein Kind eine Handlung wiederholt oder nicht. Manchmal verstärkt man aber auch unbewusst etwas Negatives. Ein Kleinkind schreit im Supermarkt, weil es eine der verlockenden Süßigkeiten haben möchte. Wenn die Mutter nachgibt, belohnt sie das Kind damit – und es wird beim nächsten Einkauf noch lauter schreien.

Ein vierjähriger Junge verkriecht sich unter dem Bett, wenn die Mutter ihn anziehen will. Anscheinend macht ihm das Versteckspiel Spaß und seine Mutter verstärkt sein ungezogenes Verhalten, wenn sie mitspielt. Hier würde Ignorieren mehr bringen, denn kein Kind bleibt den ganzen Morgen unter seinem Bett.

Es gibt verschiedene Belohnungstypen:

- innere Belohnung: Man fühlt sich gut nach getaner Arbeit;
- soziale Belohnung: Lob, Umarmung, Dank;
- besondere Aktivitäten und Privilegien: Spielabend, Besuch im Hallenbad, Picknick;
- materielle Belohnung: Lieblingsessen, Spielsachen, Geld (nur selten anwenden, Kinder sollen auch mitarbeiten, ohne einen Lohn zu erwarten).

Verstärken nach Plan

Gewünschtes Verhalten kann verstärkt werden, indem man einen Plan erstellt. Ein kleines Kind darf beispielsweise immer einen lustigen Stempel auf ein Blatt drücken, wenn es die Zähne sauber geputzt hat. Nach fünf Stempeln bekommt es eine Belohnung (sinnvollerweise keine Süßigkeit). Ein Schüler macht jedes Mal ein Kreuz in eine Liste, wenn er die Englischvokabeln gründlich gelernt hat. Nach zwanzig Kreuzen darf er einen englischen Comic kaufen.

Solche planmäßigen Verstärker kann man nur für eine genau umschriebene Tätigkeit für eine bestimmte Zeit verwenden, die man von Anfang an festsetzen sollte. Man muss nicht für jede Kleinigkeit mit einer Belohnung winken. Am besten kommt sie an, wenn sie möglichst abwechslungsreich gestaltet wird. Warum nicht einmal ein Auto-, Schnecken-, oder Skirennen veranstalten? Natürlich nur auf dem Papier. Dort dürfen die Kinder selbst ihre Figur nachrücken, wenn sie die Aufgabe erledigt haben. Nach der vereinbarten Zeit sollte die erlernte Fähigkeit so weit eingeübt sein, dass man auf die Belohnung wie verabredet verzichten kann. Die Verhaltensforschung zeigt jedoch auf, dass das erwünschte Verhalten mit der Zeit wieder verschwindet, wenn die Belohnung ausbleibt. Von Zeit zu Zeit wird man deshalb einen „Wiederholungskurs“ durchführen müssen.

Das Publikum entfernen

Manchmal ist nichts tun das Beste, was Sie tun können. Oftmals geht es den Kindern einzig und allein um die Aufmerksamkeit der Eltern – auch wenn diese aus Schelte besteht. Doch was ist ein Streit ohne Publikum? Wie lange macht Schreien Spaß, wenn niemand zuhört?

Unsere Jungen stritten sehr gerne, wenn ich mit Kochen beschäftigt war. Wahrscheinlich spürten sie, dass es mich zu diesem Zeitpunkt am meisten störte, weil mein Mann nur eine kurze Mittagspause hatte und deshalb pünktlich essen wollte. Also stellte ich sie vor die Wahl: Sie durften in der Küche bleiben und am Küchentisch malen, lesen oder einfach bei Mama sein – oder im Korridor streiten, solange sie das wünschten. Ich machte ihnen klar, dass ich in diesem Fall nicht schlichten und niemanden trösten würde – sie also einfach ignorieren würde. Sie stritten also auf eigenes Risiko. Plötzlich war der Streit gar nicht mehr interessant.

Diese Methode des Ignorierens ist auch bei Kleinkindern in der Trotzphase recht erfolgreich. Kein Kind weint normalerweise länger als eine Viertelstunde, wenn niemand es beachtet. Weinen ist nämlich sehr anstrengend!

Einige Beispiele:

- ***Den „Service“ einschränken:*** Das Kind kommt nach dem Gute-Nacht-Ritual erneut ins Wohnzimmer und will etwas zu trinken haben. Es erhält keinen „Extraservice“ mehr, denn die Eltern lassen sich an ihrem wohlverdienten Feierabend nicht stören.

  Die Kinder legen schmutzige Wäsche nicht in den Wäschekorb oder in die Waschküche. Die Wäscheberge in den Zimmern werden ignoriert und nicht gewaschen. Auf den Wutanfall, der folgt, wenn die Lieblingshose nicht sauber im Schrank hängt, wird nicht eingegangen. Vielleicht kommt man dem Kind so weit entgegen, dass man ihm zeigt, wie die Waschmaschine funktioniert.

- ***Publikum entfernen:*** Das Kind fordert die Mutter zu einem Machtkampf heraus. Die Mutter entfernt sich ruhig und schützt sich im Schlafzimmer vor dem nervenden Geschrei.

- ***Kinder isolieren:*** Das schreiende Kind wird ruhig und bestimmt in sein Zimmer geführt. Dies geschieht nicht als Strafe, sondern zu seinem Schutz, damit es zur Ruhe kommen kann.

Wichtig: Handeln Sie nicht im Zorn, sonst können Sie sich dem Machtkampf nicht entziehen.

Zum Nachdenken:

Richtig loben

Nicht jedes gut gemeinte Lob wirkt ermutigend. Unterscheiden Sie in den folgenden Aussagen zwischen Ermutigendem und Entmutigendem, indem Sie + oder – in das Kästchen schreiben.

☐ Versuch‘s noch mal. Du kannst davon lernen.

☐ Das könntest du viel besser machen.

☐ In deinem Alter kann man so was schon.

☐ Dein Bruder ist begabt in Geometrie. Das bist du sicher auch.

☐ Ihr zwei könnt euren Streit ganz sicher selber lösen.

☐ Nicht aufgeben. Das kannst du bestimmt.

☐ Das war Anfängerglück!

- [ ] Schwierigkeiten sind dafür da, überwunden zu werden.
- [ ] Siehst du, ich hatte recht.
- [ ] Bald wirst du das richtig schaffen.

Planmäßig verstärken

Welches Verhalten möchten Sie bewusst verstärken? Versuchen Sie es einmal mit einem Verstärkungsplan. Nachfolgend finden Sie eine einfache Form. Tragen Sie das erwünschte Verhalten ein. Kontrollieren Sie jeden Tag gemeinsam mit dem Kind den Erfolg. Vereinbaren Sie am Anfang eine angemessene Belohnung.

Wochentag	gewünschtes Verhalten
Montag	
Dienstag	
Mittwoch	
Donnerstag	
Freitag	
Samstag	
Sonntag	

Logische Folgen – nachhaltige Veränderung schaffen

Im Gerichtssaal herrscht betroffene Stille. Das Urteil ist gesprochen. Wie versteinert sitzen die Eltern B. auf der Anklagebank. Noch können sie es nicht fassen, zu groß ist der Schock, zu hart und unerwartet der Eingriff des Staates in ihr Familienleben. Dumpf hallt es in ihren Ohren nach: „… somit ist Ihnen das Sorgerecht für Ihre Kinder bis auf weiteres entzogen."

Die Vorgeschichte dieses Familiendramas: Eines Tages entdeckte die Lehrerin bei Daniel, dem ältesten Kind der Familie, Blutergüsse und Striemen, die, wie sich herausstellte, von Schlägen des Vaters herrührten. Das Jugendamt befürchtete weitere Misshandlungen dieser Art und entzog den Eltern B. „wegen mangelnder

Erziehungsfähigkeit, die ihren Ursprung in religiösen Überzeugungen" habe, das Sorgerecht für ihre Kinder.

Als überzeugte Christen hatten diese Eltern ihre Kinder biblisch erziehen wollen und dazu gehörten nach ihrer Auffassung auch Schläge. Das wurde ihnen zum Verhängnis.

Gegenwärtig ist das Thema der körperlichen Züchtigung von Kindern noch aktueller, als es 1987 war, als dieses Urteil gesprochen wurde. Nach den Vorstellungen der Bundesregierung soll auch der kleine Klaps auf den Po in Deutschland verboten werden. Wir brauchen also spätestens jetzt Erziehungsmittel, die die althergebrachte Körperstrafe ersetzen und den Kindern trotzdem schützende Grenzen setzen.

Kein Mensch wird willentlich etwas tun, von dem er glaubt, dass es ihm schadet.

Logische Folgen erfüllen diesen Anspruch. Sie stützen sich auf eine alte Lebensweisheit, die lautet: Kein Mensch wird willentlich etwas tun, von dem er glaubt, dass es ihm schadet. Daran halten sich (unbewusst) schon kleine Kinder. Wenn ein Kleinkind sich z. B. trotz der elterlichen Warnung an einem heißen Gartengrill verbrennt, wird es diese Schmerzquelle in der Folge meiden und die Warnungen der Eltern beachten. Die unangenehmen natürlichen Folgen lehren den Dreikäsehoch weit mehr über die Bedeutung des Wortes „heiß“, als eine Flut von elterlichen Ermahnungen dies tun könnte. Die selbst gewonnene Einsicht bestimmt sein Handeln nachhaltiger und bewahrt es vor dieser Gefahr. Dass natürliche Folgen eintreten, lässt sich selbstverständlich nur dann abwarten, wenn die Folgen für das Kind und seine Umgebung nicht gefährlich sind.

Logische Folgen nehmen diesen lernpsychologischen Ansatz auf und führen ihn weiter. Statt dass die Eltern das Kind für ein Fehlverhalten tadeln und strafen, soll das Kind durch die unangenehmen logischen Folgen seiner Handlungen zu einer Verhaltensänderung gebracht werden. Das Ziel ist nicht die Bestrafung der schlechten Tat, sondern ein Lernerlebnis. Durch das Erleiden von unangenehmen Folgen soll die Einsicht wachsen, dass es sich lohnt, sich angepasst zu verhalten. Diese Konsequenzen müssen in einem inneren Zusammenhang zum Fehlverhalten stehen.[8] Wenn ein Kind unordentlich ist, soll die Folge damit zusammenhängen. Wenn es andere schlägt, muss sie eine Wiedergutmachung beinhalten. Wenn es etwas mutwillig beschädigt, sollte es das wieder flicken usw.

Diese Erziehungsmethode lässt dem Kind einen Entscheidungsspielraum. Es bestimmt selbst, ob es sich anpassen möchte oder ob es die logischen Folgen seines Handelns ertragen will. Die Verantwortung liegt auf seinen Schultern, und die Eltern verwickeln sich nicht in einen Machtkampf.

Als Einleitung zum zweiten Teil erzählte ich Ihnen von den Kindern, die ihre Fahrräder nicht in den Keller stellen wollten. Ihre Eltern hörten bei einem Erziehungskurs vom Konzept der logischen Folgen. Also starteten sie einen Versuch: Sie erklärten ihrem Nachwuchs, dass sie die Unordnung mit den Fahrrädern nicht mehr länger tolerieren und die Räder für einen Tag wegsperren würden, wenn die Kinder sich nicht an die Regel halten. Die Kids reagierten wie erwartet: Die Räder lagen trotzdem kunterbunt verstreut vor dem Haus! Die Eltern sagten kein Wort – und handelten. Am nächsten Morgen gab es eine halbe Stunde früher Tagwache, denn die Räder standen, wie abgemacht, für einen Tag eingeschlossen im Keller. Nun mussten die Kinder zur Schule laufen. Gab das einen Aufstand! Vor allem der älteste Sohn, der auch sonst schwierig war, tobte. Aber die Eltern blieben bei ihrem Wort. Sie zeigten zwar Mitgefühl mit den Kindern und Verständnis für ihren Unwillen, doch abgemacht blieb abgemacht. Am nächsten Tag konnte jedes der Kinder selbst bestimmen, ob es die Familienregel befolgen oder ob es zur Schule marschieren wollte. Nach diesem konsequenten Eingreifen beruhigte sich die Fahrradfront und die beiden jüngeren Mädchen stellten ihre Räder brav in die Garage.

Nicht immer bringt das Einführen von logischen Folgen den erwünschten Erfolg. Im obigen Beispiel verweigerte der 14-jährige Sohn seine Mitarbeit. Als sein Rad wieder hinter verschlossenen Türen landete, „entlieh“ er das Rad seines Vaters oder er „borgte“ sich eines bei den Nachbarn aus. Enttäuscht erzählten die Eltern ihren Misserfolg am nächsten Kursabend. Warum sprach ihr Sohn auf die neue Methode nicht an? Gemeinsam mit dem Kursleiter suchten sie die Gründe für den Widerstand des Jungen.

So gelingen die logischen Folgen

Keine willkürlichen Befehle: Zunächst einmal hatten sie die erste Phase der gemeinsamen Abmachung übersprungen. Statt sich Zeit zu nehmen, um die Mitarbeit der Kinder zu gewinnen, gaben sie einfach einen Befehl. Die beiden jüngeren Mädchen akzeptierten dies, aber der Teenager empfand diese Behandlung als entwürdigend. Nun holten sie diese Phase nach und fragten die Kinder nach Anregungen zur Lösung des Problems. Diese beanstandeten, dass in der Garage neben dem Auto und dem vielen Gerümpel kaum Platz bleibe für alle Räder. Am Morgen sei es fast unmöglich, sein Rad an den andern vorbeizuschieben, ohne das Auto zu beschädigen, beklagte sich der Junge, der zuerst wegfahren musste. Nach einer Garagenbesichtigung beschloss die Familie, jedem Kind ein mit Klebebändern markiertes Parkfeld in der Reihenfolge des morgendlichen Aufbruchs zuzuteilen. Wer das Haus zuerst verlassen musste, durfte sein Rad gleich bei der Tür hinstellen. Nun waren alle mit der neuen Regel einverstanden. Der Sohn konnte noch eine Ausnahme aushandeln: Wenn er das Rad nur kurz abstellte, durfte er es draußen lassen – abgeschlossen und unter das Vordach geschoben.

Je früher Sie die Zusammenarbeit mit den Kindern pflegen, umso besser können Sie sie später in den schwierigen Jahren der Pubertät weiterführen. Auch Vorschulkindern kann man mit einfachen Worten erklären, warum man ein bestimmtes Verhalten wünscht. (Ein Dreirad wird ins Haus gebracht, damit es nicht gestohlen wird; das kleine Mädchen darf nicht auf der Straße spielen, damit es nicht überfahren wird; der Junge muss zu einer bestimmten Zeit ins Bett, damit er morgens im Kindergarten nicht zu müde ist; Mama zieht ihn nicht mehr an, weil ein großes Kind selbst für sich sorgen kann, usw.)

Keine Rache: Die Eltern fanden aber noch mehr heraus: Vor allem beim Vater spielte auch Rache ein Stück weit mit: Mit dem Wegsperren konnte er dem schwierigen ältesten Sohn sein respektloses und verletzendes Verhalten heimzahlen. So hatte er dessen Rad jedes Mal mit dem größten Vergnügen in den Keller gebracht. Der Junge spiegelte mit seinem widerspenstigen Verhalten dieses Rachegefühl zurück.

Auch im Umgang mit kleinen Kindern kann der zerstörerische Teufelskreis der Rache schon eine Rolle spielen. Überprüfen Sie also immer wieder Ihre Motive: Wollen Sie dem ungehorsamen Kind „eins auswischen" oder wollen Sie ihm helfen, dass es sich besser in die Gemeinschaft einfügen kann?

Logische Folgen entfalten ihre Wirkung erst, wenn wir Eltern innerlich aus dem Machtkampf aussteigen und den Gedanken des Heimzahlens fallen lassen. Die Folgen sollen keine Strafe sein, sondern ein Hilfsmittel, damit das Kind sich aus freiem Willen ins Familiengefüge eingliedert. Dabei sollte es immer spüren, dass es geliebt wird und dass seine Eltern die logische Folge nicht gerne eintreten lassen.

Dem Alter gemäß handeln: Bei Kleinkindern entfällt der Teil der gemeinsamen Verhandlung. Hier sind eher natürliche Folgen angesagt. Der 18 Monate alte Sascha nervte in der Trotzphase seine Mutter beim Windeln-Wechseln. Er schrie und schlug um sich und zertrümmerte einmal beinahe die Brille der Mutter. Alles Zureden fruchtete nichts. Da wandte sie die natürlichen Folgen an: Sobald er sein Theater beginnen wollte, befestigte sie die schmutzige Windel wieder an seinem Po und brach die Übung ab. Erstaunlich, wie schnell der Kleine lernte, dass saubere Windeln keine Strafe, sondern eine erstrebenswerte Zugabe sind. Er verstand so sehr früh, dass er nicht nach Belieben mit seiner Mutter verfahren konnte.

Die ausgelösten Gefühle aushalten: Kinder werden die unangenehmen Folgen nicht mit einem Lächeln abtun. Je nach Temperament werden sie Krokodilstränen weinen, einen Wutausbruch vorführen, die Türen knallen oder sich trotzig in ihr Schicksal fügen. Lassen Sie sich von diesen Gefühlen nicht zu sehr berühren oder gar „weich klopfen". Zeigen Sie Verständnis und Mitgefühl, aber bleiben Sie fest. Es ist wirklich traurig, dass mein Kind die Abmachung gebrochen hat. Aber es trägt selbst die

Verantwortung für seine missliche Lage. Sprechen Sie ihm Mut zu, indem Sie ihm versichern, dass sie ihm zutrauen, dass es sich beim nächsten Mal korrekt verhalten kann.

Die Folge ohne viele Worte anwenden: Die Folge spricht für sich allein. Wenn man die erste Phase der gemeinsamen Abmachung sorgfältig durchgeführt hat, weiß das Kind genau, dass es im Unrecht ist. Beachten sie seine Körpersprache: seine hängenden Schultern oder sein unsteter Blick sprechen Bände. Die unangenehme Situation wird stark entschärft, wenn man die vereinbarte Folge möglichst schnell und sachlich durchzieht. Das Kind lernt durch die Folge mehr als durch einen ärgerlichen Redeschwall. Ist es nicht viel sinnvoller, wenn wir uns die langen Ermahnungen ersparen und dem Kind nachher wieder positive Aufmerksamkeit schenken?

Wer mit logischen Folgen arbeitet, muss sich bewusst sein, dass man sie nicht jederzeit anwenden kann. Diese Technik ist am erfolgreichsten bei kindlichem Fehlverhalten, das Beachtung als Ziel verfolgt. Mitten in einem Machtkampf angewendet, wird das Kind sie als weiteres Druckmittel empfinden und dagegen ankämpfen. Zuerst muss sich die Familienatmosphäre so weit abkühlen, bis man vernünftig miteinander reden kann. Logische Folgen sollen dem Kind eine klare und verständliche Wahl für die Folgen seines Verhaltens bieten: Es kann sich anpassen – oder muss die unangenehmen Folgen tragen. Es soll möglichst schon als Kleinkind lernen, dass es sein Verhalten mit seinem Willen beeinflussen kann und die Folgen seiner Entscheidung tragen muss. Sie können sich also lange Ermahnungen ersparen und dem Kind nachher wieder positive Aufmerksamkeit schenken.

Und die Körperstrafen?

Körperstrafen sind heute sehr umstritten. In manchen Staaten können sie sogar den Entzug des Sorgerechtes nach sich ziehen. Doch nicht nur aus diesem Grund sind sie äußerst zurückhaltend einzusetzen. Die bekannte und erfahrene Jugendpsychologin Christa Meves bringt auch pädagogische Gedanken ein und sagt in einem Interview: „Gewalt erzeugt Gewalt. Wir Psychologen sagen aufgrund dieser Erfahrung: ‚Vermeidet Gewalt! Mit Liebe erziehen hat mehr Erfolg als Dressur.' Das heißt nicht, dass Kinder ihre Grenzen nicht kennen lernen müssen. Wenn sie ihre Grenzen mutwillig – besonders im Trotzalter – übertreten, brauchen sie einen Strafreiz; auch, um sie vor Gefahren zu schützen. Deshalb ist der Klaps auf den Po oder beispielsweise auf die Hand, die trotz vieler Mahnungen immer wieder in die Steckdose greifen will, legitim … Vom Grundschulalter ab sollte man mit Worten oder mit anderen Konsequenzen erziehen."[9]

Im Kleinkindalter kann ein angepasster Schmerzreiz durchaus Wirkung zeigen und dem kleinen Dreikäsehoch klarmachen, dass er eine Grenze überschritten hat. Ein wohldosiert und kontrolliert abgegebener Klaps ist weniger verhängnisvoll als ein Tag lang Liebesentzug. Ein körperlicher Reiz kann auch eine Art von logischer Folge sein. Warum soll ein Kind, das seine Geschwister kratzt und schlägt, nicht einmal am eigenen Leib erfahren, wie man sich dabei fühlt?

Oft wird die Körperstrafe aber nicht wohlüberlegt angewendet. Vielmehr ist sie eine Art Ventil, über das man als Eltern seinen Zorn oder auch seine Ohnmacht abreagiert. Man ist ganz einfach hilflos und weiß sich keinen anderen Rat mehr, oder man will handfest beweisen, wer Herr im Hause ist. Leider zeigt die Erfahrung, dass vor allem Eltern, die als Kinder oft geschlagen wurden, wieder schlagen. So setzt sich das unglückliche Zusammenwirken von Gewalt und Gegenwehr über Generationen fort. Umso wichtiger ist es, dass der Kreislauf der Gewaltanwendung unterbrochen wird.

Was kann man dafür tun?

- Sprechen Sie mit jemandem darüber, wenn sie bemerken, dass Sie sich nicht unter Kontrolle haben. Meistens schämt man sich so, dass man mit niemandem darüber spricht, dabei kämpfen viele andere Eltern mit demselben Problem.

- Wenden Sie möglichst oft die Erziehungsmittel an, die ich Ihnen oben beschrieben habe. Sie werden schon bald merken, dass Sie die Körperstrafe nicht mehr brauchen.

- Manchmal zeigt der Verlust der Selbstbeherrschung, dass Sie erschöpft sind. Gönnen Sie sich immer wieder Zeiten der Entspannung. Die Entlastung durch einen Babysitter und der innere Abstand, der dadurch entsteht, kann Wunder wirken.

Zum Nachdenken:

Logische Folgen anwenden

Für jedes Fehlverhalten gibt es mehrere logische Folgen, die in Frage kommen. Ihrer Phantasie sind beim Brainstorming keine Grenzen gesetzt.

Einige Beispiele:

- Ein Kind trödelt und kommt zu spät in die Schule.
  Mögliche Folgen: Sich nicht mehr einmischen und mit der Lehrerin die Folgen besprechen; das Kind nicht in die Schule fahren, sondern rennen lassen; den Wecker früher stellen; einen Zeitplan erstellen ...

- Ein Kind isst seinen Teller nicht leer.
  Mögliche Folgen: Nur kleine Portionen schöpfen; keine großen Zwischenmahlzeiten anbieten; den Teller bei der nächsten Mahlzeit wieder aufgewärmt und sauber arrangiert präsentieren ...

- Ein Kind schaut wiederholt heimlich fern.
  Mögliche Folgen: Eine Kindersicherung einbauen und feste Fernsehzeiten einführen; für eine bestimmte Zeit Fernsehverbot verhängen …

- Ein Kind schlägt seine Geschwister oder erniedrigt sie mit Worten.
  Mögliche Folgen: ein Schmerzensgeld bezahlen; sich entschuldigen; eine Arbeit für das „Opfer“ erledigen; es verbringt zehn Minuten in seinem Zimmer (nach Alter abstufen); abklären, wie das „brave“ Kind provoziert …

Wichtig: Die Folgen für ein Fehlverhalten müssen zuerst klar mit dem Kind abgesprochen und dann auf jeden Fall angewendet werden.

• Welche logischen oder natürlichen Folgen würden Sie bei den erwähnten Situationen wählen?

• Schreiben Sie ein Fehlverhalten Ihres Kindes auf und überlegen Sie verschiedene logische Folgen. Vielleicht hilft Ihnen Ihr Ehepartner dabei oder eine Freundin.

• Ziehen Sie nun dieses eine Projekt konsequent durch und beobachten Sie den Verlauf. Wenn der erste Versuch gelungen ist, können Sie sich an einen zweiten Anlauf wagen.

Körperstrafen vermeiden

- In welchen Situationen rutscht mir die Hand aus?
- Durch welche anderen Erziehungsmethoden kann ich das Schlagen ersetzen?

Konfliktlösung – Streit muss (nicht) sein

Es ist manchmal zum Lachen, wie kleine Dinge zu einem großen Konflikt anwachsen können. Ein Kind will seine Milch nicht trinken – und schon ist der tägliche Machtkampf in Gang gesetzt. Ein anderes ist zerstreut und vergesslich – das morgendliche Chaos scheint unumgänglich. Vielleicht gleicht eines dem „Suppenkasper" – und schon hängt bei jeder Mahlzeit der Haussegen schief. Meist sind es immer wieder die gleichen kleinen Störfaktoren, die das Familienleben erschweren und die zu hitzigen Machtkämpfen führen.

Jedes Familienmitglied hat seine eigene Methode, wie es mit einem Konflikt umgeht. Je früher man sich darüber im Klaren ist und schädliche Muster abbaut, desto besser stehen die Chancen, dass man die Weichen für ein friedliches Miteinander stellt. Ich will Ihnen fünf Arten der Konfliktbewältigung kurz vorstellen.

Nachgeben	Hohe Achtung der Beziehung	**Lösen**
Persönliche Bedürfnisse nicht erfüllt	**KOMPROMISS**	Persönliche Bedürfnisse erfüllt
Sich zurückziehen	Niedrige Achtung der Beziehung	**Gewinnen**

Gewinnen: Viele Familien kennen beim Lösen von Konflikten vor allem zwei Strategien: gewinnen oder nachgeben. Doch beide sind keine wirksamen Erziehungsmittel, denn sie verletzen die Achtung vor dem „Gegner“. Bei einem Machtkampf sind – wer auch immer siegt, das Kind oder der Erwachsene – beide zuletzt Verlierer, denn mit dem Sieg wird der Grundkonflikt in der Regel nicht gelöst. Der besiegte Partner ist in seiner Selbstachtung angeschlagen und irgendwann wird er diese Kränkung heimzahlen.

Nachgeben: Aber auch Nachgeben ist nicht befriedigend. Nachgeben verletzt die Achtung vor sich selbst. Kurzfristig ist der Friede zwar wiederhergestellt, aber tief innen wächst Unzufriedenheit, weil die anderen meine Bedürfnisse nicht wahrnehmen; eine Wut, weil niemand Rücksicht nimmt; eine Bitterkeit, weil man sich ausgenutzt fühlt. Irgendwann werden diese unterdrückten Gefühle mit unberechenbarer Gewalt an die Oberfläche der Beziehung brechen oder sie machen sich in einer anderen Form Luft, z. B. in Kopfschmerzen oder anderen psychosomatischen Beschwerden.

Durch Nachgeben kann man eine Konfrontation vermeiden. Diese Reaktion dient bei Eltern oder Kindern als Selbstschutz. Doch häufig zieht sie Märtyrergefühle nach sich und löst beim anderen Schuldgefühle aus.

Sich zurückziehen: Bei schwereren Konflikten wird die Entmutigung so stark, dass man die Hoffnung auf eine Lösung aufgibt. Man macht sich gar nicht mehr erst die Mühe, etwas zu unternehmen. Man zieht sich zurück – körperlich –, indem man aus dem Zimmer läuft oder – seelisch – indem man innerlich abschaltet. Dadurch schützt man sich vor dem schmerzlichen Erlebnis der Konfrontation. Vor allem Teenager vermeiden auf diese Art unangenehme Zusammenstöße.

Kompromiss: Hier lautet die Devise: „Ich ein wenig, du ein wenig." Man hat erkannt, dass man etwas aufgeben muss, aber man will auch etwas vom Partner erhalten. Diese Methode nennt man „Kuhhandel". Kompromisse können zu einer Lösung führen, aber sie können auch ein unbefriedigendes Gefühl hinterlassen, weil keiner der Beteiligten ganz zufrieden ist.

Lösen: Durch das gemeinsame Gespräch und das Eingehen auf die Meinung des Gegenübers verändert sich hier die Einstellung und die Stimmung der beiden Konfliktparteien. Beide sind willig, sich Zeit zu nehmen, um in aller Ruhe über die Differenzen zu reden, bis man einen gangbaren Weg findet und der Konflikt behoben ist. Diese Art der Lösungssuche wird mit zunehmendem Alter der Kinder einen größeren Raum einnehmen. Während man einem vierjährigen Kind noch klare Weisungen erteilen kann, muss man einen Sechzehnjährigen schon bedeutend mehr miteinbeziehen.

Regeln für das Lösen von Konflikten

Es gibt eine Menge gut organisierter Familien, die wöchentlich eine Familienkonferenz abhalten, bei der sie alle Streitpunkte auf den Tisch bringen und besprechen. Ich muss gestehen, dass wir das nie geschafft haben. Wir haben spontan eine Art Kriegsrat abgehalten, wenn gerade wieder mal ein Problem anstand. Dabei hat uns die so genannte 4 x 4-Regel vor dem falschen Zeitpunkt bewahrt.

Sprechen Sie einen Konflikt zu den folgenden Zeitpunkten *nicht* an:
- **vier Minuten nach dem Aufstehen**
- **vier Minuten vor dem Abschied**
- **vier Minuten nach dem Heimkommen**
- **vier Minuten vor dem Schlafengehen**

Manchmal braucht es eine gute Portion Selbstdisziplin, um den richtigen Moment zur Konfliktlösung abzuwarten. Aber es lohnt sich.

Nicht jede kleinste Auseinandersetzung muss psychologisch und pädagogisch korrekt verarbeitet werden. Die Eltern dürfen auch einmal ein Machtwort sprechen, um Ruhe und Ordnung zu schaffen. Tritt ein Konflikt aber immer wieder auf, sollte man ihn gezielter und nachhaltiger angehen. Zuerst braucht man zwar etwas Zeit, aber die wird mehr als wettgemacht, wenn der Streit nicht mehr weiterschwelt und dicke Luft erzeugt.

Die folgenden Punkte können Stationen auf dem Weg zum Familienfrieden werden:

1. **Alle Konflikte auf der Grundlage gegenseitiger Achtung lösen**
   Leider pflegen Familien untereinander manchmal einen Umgangston, den sie gegenüber Außenstehenden nie verwenden würden. Man wirft sich Ausdrücke an den Kopf, die unter

der Gürtellinie liegen, oder man verfällt in einen militärischen Befehlston, den man sich von Fremden verbitten würde. Obwohl einem niemand näher steht als die eigene Familie, verhält man sich ausgerechnet ihr gegenüber nachlässig und grob. Zur Selbstkontrolle kann man sich fragen, ob man bestimmte Worte auch zu einem Nachbarskind sagen würde.

2. **Den eigentlichen Streitpunkt genau bestimmen**
   Der oberflächliche Streitpunkt umfasst nie den ganzen Konflikt. Oberflächlich gesehen streitet man oft über Kleinigkeiten. Doch hinter jedem Argument steckt auf beiden Seiten die persönliche Betroffenheit. Schildern Sie den Konflikt deshalb möglichst neutral und achten Sie darauf, dass Sie einander weder beschuldigen noch herabsetzen. Bei solchen Klärungsversuchen gibt es ein paar „Gesprächskiller“, die man vermeiden sollte: „Jetzt übertreibst du aber!“, „Das stimmt gar nicht!“, „Du bist ja überempfindlich!" …

3. **Mögliche Lösungen entwickeln**
   Eltern und Kinder suchen gemeinsam verschiedene Lösungen des Problems. Dabei ist es äußerst wichtig, dass man die Vorschläge nicht bewertet, verurteilt oder herabsetzt. Schreiben Sie alle Ideen ohne Kommentar auf. Nur wenn sie ernst genommen werden, machen die Kinder mit.

4. **Die Alternativlösungen kritisch bewerten**
   In dieser Phase bewertet man gemeinsam die vorgeschlagenen Lösungen. Was ist überhaupt durchführbar? Was befriedigt Eltern und Geschwister? Welcher Vorschlag bringt uns dem Ziel am nächsten?

5. Sich für die beste Lösung entscheiden
   Dies geht nach den gründlichen Vorbereitungen recht schnell. Oft muss man das betroffene Kind zu diesem Schritt besonders ermutigen.

6. Die Entscheidung ausführen
   In der Regel gilt, dass man bis ins Detail abspricht, wie die Abmachung verwirklicht wird.
   Dabei sollte man ganz praktische Dinge ausdiskutieren: z. B. sauber, wie oft, wie genau und wann eine Aufgabe ausgeführt werden soll.

7. Nachfolgende kritische Bewertung
   Nicht alle Abmachungen stellen sich in der Praxis als gut heraus. Deshalb ist es wichtig, dass man nach einiger Zeit eine Erfolgskontrolle durchführt. Manche Lösung am grünen Tisch erweist sich in der Durchführung als wenig sinnvoll. Auch in der Erziehung lernt man am besten durch Versuch und Irrtum.
   Ein Beispiel: Sascha kommt in seinem ersten Schuljahr regelmäßig zu spät nach Hause. Eltern und Geschwister ärgern sich, wenn sie mit dem Mittagessen auf ihn warten müssen.

   Mögliche Lösungen: Das Mittagessen beginnt später. – Sascha trägt eine Uhr, damit er weiß wie spät es ist. – Die Schwester erinnert ihn, wenn sie ihn auf dem Schulweg sieht. – Die Mutter spricht mit der Mutter seines Freundes, damit der auch schneller nach Hause geht. – Sascha kriegt kein Essen mehr, wenn er zu spät kommt. (Dies schlug seine Schwester etwas schadenfroh vor.)

   Kritische Bewertung: Bei Saschas Problem zeigte sich schnell, dass man nicht später essen konnte, denn der Vater musste wieder zur Arbeit. Auch die Schwester ließ sich nicht als Mahnerin einspannen, denn das gab nur Streit. Das Streichen der ganzen Mahlzeit schien nicht angebracht, denn der Junge braucht für den Nachmittag neue Energie.

Lösung: Sascha war bereit, von nun an seine Uhr regelmäßig zu tragen. Dazu handelte er noch zwei Tage Übergangszeit aus, um sich an die neue Heimkehrroutine zu gewöhnen. Als logische Folge wurde festgelegt, dass er nur ein Stück Brot als Mahlzeit vorgesetzt bekäme, falls er sich nicht an die getroffene Abmachung halten würde.

Durchführung: Nach nur einer Brotmahlzeit verbesserte Sascha sein Zeitgefühl sehr schnell.

Zum Nachdenken:

Mein Umgang mit Konflikten

Wie gehen Sie mit einem Konflikt um?

- ☐ Ich ziehe mich schmollend zurück.
- ☐ Ich sage dem anderen, dass ich recht habe.
- ☐ Ich will es den anderen recht machen.
- ☐ Ich gehe dem Streit aus dem Weg.
- ☐ Ich will den Streitpunkt bereden.
- ☐ Ich weine, und dann geben die anderen nach.
- ☐ Ich trage eine Verletzung sehr lange nach.
- ☐ Ich spreche ein paar Tage nicht und mache dann normal weiter.
- ☐ Ich höre dem anderen zu und bilde mir dann eine Meinung.

Wie reagieren Sie?
Wie reagiert Ihr Ehepartner?
Welchen Einfluss hat Ihre Strategie auf die Problemlösung?
Was wollen Sie bei Ihrer Strategie verändern?

Die Konfliktlösung üben

Versuchen sie einmal, einen Konflikt nach dem Lehrbuch zu lösen, indem Sie sich an die Fragen in der Tabelle halten und die leere Seite ausfüllen.

Gegenseitige Achtung: Wie ist meine Haltung gegenüber den anderen?	
Den Konflikt identifizieren: Worüber sind wir uns nicht einig?	
Mögliche Lösungen zusammentragen: Wer hat eine gute Idee?	
Alternativen bewerten: Wie finde ich die vorgeschlagene Lösung? (sachlich bleiben)	
Die beste Lösung wählen: Auf was können sich alle einigen?	
Die Lösung ausführen: Wie wird die Aufgabe erledigt?	
Später bewerten: Bewährt sich die Lösung oder müssen wir etwas anpassen?	

Erziehen mit Liebe und Konsequenz – das kann man lernen

„Alles, was Sie sagen, leuchtet mir ein", versichern mir viele Eltern. „Aber wie kann ich es umsetzen? Mir fällt es so schwer, konsequent zu sein!" In der Tat ist es viel leichter, über Erziehung zu schreiben oder zu reden, als das Kopfwissen auch wirklich umzusetzen. Dabei gibt es einige Stolpersteine, die sich recht einfach beseitigen lassen, um den Weg zu einer konsequenten Haltung zu ebnen.

Zu viele Regeln

Kinder brauchen Freiraum, um sich gesund entfalten zu können, und dieser Freiraum bedeutet auch Lärm und Schmutz, Bewegung und Unordnung, Unterbrechungen und Stresszeiten. Konsequenz ist niemals mit Einengung gleichzusetzen, denn die

Familie soll nicht zu einem Polizeistaat werden. Zu viele Regeln entmutigen Eltern und Kinder. Ihre Erfüllung ist ein Ziel, das man nie erreichen kann. Beginnen Sie also ganz bescheiden, wenn Sie konsequentes Verhalten einüben möchten. Führen Sie eine, zwei oder drei einfache Regeln ein, von denen Sie glauben, dass Sie sie durchsetzen können. Fügen Sie erst, wenn sich der erste Anlauf bewährt hat, etwas Neues hinzu. Überfordern Sie weder sich selbst noch Ihre Kinder.

Beginnen Sie ganz bescheiden, wenn Sie konsequentes Verhalten einüben möchten. Führen Sie eine, zwei oder drei einfache Regeln ein, von denen Sie glauben, dass Sie sie durchsetzen können.

Zu hohe Erwartungen

Nicht jedes Kind kann gleich viel leisten. Ein Mädchen ist vielleicht von Natur aus liebenswürdig, freundlich, fleißig und verantwortungsbewusst, während seine Schwester genau das Gegenteil verkörpert und die Eltern mit seiner Unberechenbarkeit, Reizbarkeit oder Faulheit zur Verzweiflung bringt. Auch die konsequenteste Haltung macht aus dem kleinen Wildfang kein Musterkind. Dieses Kind braucht wahrscheinlich mehr Zuwendung, Übung und Geduld, bis es sich an die Familienregeln halten kann.

Falsches Mitleid

Tränenströme ertränken oft die elterliche Konsequenz. Wenn die Tränen aus den Augen rollen und der kleine Liebling in ein trauriges Wimmern und Schluchzen versinkt oder wenn er mit seinem Geschrei die ganze Nachbarschaft stört, fühlt man sich als die böseste Rabenmutter oder der verantwortungsloseste Vater der Welt. In unserer Liebe für das Kind lassen wir uns dann erweichen und Gnade vor Recht ergehen. In Ausnahmefällen ist das durchaus richtig. Wenn es jedoch zur Gewohnheit wird, tun wir dem Kind keinen Gefallen damit, denn es lernt auf diese Weise keine Eigenverantwortlichkeit. Wappnen Sie sich also, wenn das

Kind auf die Tränendrüsen drückt. Es darf weinen, denn es ist auch wirklich traurig, dass es sich nicht an die Regel gehalten hat. Lassen Sie ihm Zeit und trösten Sie es: Bestimmt wird es beim nächsten Mal klappen.

Zu strenge logische Folgen

Manchmal lassen wir uns im Zorn aber auch zu allzu strengen Folgen hinreißen: Man sperrt das Rad für immer weg, verdonnert den Teenager zu einem Monat Hausarrest, entzieht das ganze Taschengeld. Es braucht etwas Übung, bis man das richtige Maß findet. Manchmal muss man auch Korrektur annehmen. Lassen Sie sich dennoch nicht entmutigen – auch Eltern dürfen Fehler machen.

Lassen Sie sich nicht entmutigen – auch Eltern dürfen Fehler machen.

Wer mit logischen Folgen arbeitet, muss sich bewusst sein, dass man sie nicht jederzeit anwenden kann. Diese Technik ist am erfolgreichsten bei kindlichem Fehlverhalten, das Beachtung als Ziel verfolgt. Mitten in einem Machtkampf angewendet, wird das Kind sie als weiteres Druckmittel empfinden und dagegen ankämpfen. Zuerst muss sich die Familienatmosphäre so weit abkühlen, dass man vernünftig miteinander reden kann. Logische Folgen sollen dem Kind eine klare und verständliche Wahl für die Folgen seines Verhaltens bieten: Es kann sich anpassen – oder muss die unangenehmen Folgen tragen. Es soll lernen, dass es sein Verhalten mit seinem Willen beeinflussen kann und die Folgen seiner Entscheidung tragen muss.

Dieses In-die-Verantwortung-hinein-Wachsen braucht Zeit und Geduld. Wir Eltern sind dabei nicht der Richter, der mit tiefem Stirnrunzeln Urteile spricht, sondern wir begleiten die Kinder als Coach, der ermutigt und lobt, aber auch vernünftige Grenzen setzt. Durch eine ausgewogene Erziehung kann das Kind zur besten Form der Disziplin finden – nämlich zur Selbstdisziplin. Es lernt, seine Gaben zu entfalten und sich gleichzeitig in eine Gemeinschaft einzufügen. Dazu braucht es beides: liebevolle Zuwendung und konsequent gesetzte Grenzen.

Zum Nachdenken

Wo bin ich nicht konsequent?

Beobachten Sie eine Woche lang täglich Ihr Verhalten und schreiben Sie Ihre „Ausrutscher" auf.

Name des Kindes	Nicht konsequentes Verhalten	Grund dafür?	Was will ich verändern?

Welcher der oben beschriebenen Gründe führt zu meiner Inkonsequenz?

- Bei welchem Kind fällt mir Konsequenz besonders schwer? Gibt es Unterschiede?
- Wie konsequent ist mein/e Partner/in?

- Wie können wir einander unterstützen?

Wie gehe ich mit meinem Versagen um?

- Was macht mir in der Erziehung am meisten an mir zu schaffen?
- Wie könnte ich an dieser Schwäche arbeiten?

Im Umgang mit den Kindern machen wir immer wieder Fehler. Und in der Bibel wird uns immer wieder Vergebung zugesprochen. Drei Bibelstellen sind mir für unser Familienleben immer wieder Leitlinie und Ermutigung:

Lukas 11,4: „Vergib uns unsere Schuld, wie wir all denen vergeben, die uns Unrecht getan haben."

Epheser 4,26: „Wenn ihr zornig seid, dann macht es nicht noch schlimmer, indem ihr unversöhnlich bleibt. Lasst die Sonne über eurem Zorn nicht untergehen."

1. Johannes 1,9: „Wenn wir unsere Schuld bereuen und sie bekennen, dann dürfen wir darauf vertrauen, dass Gott seine Zusage treu und gerecht erfüllt: Er wird uns vergeben und uns von aller Schuld reinigen."

Quellen

[1] Hoffman, M. L., Moral Development, in P. H. Mussen (ED), Carmichaels Manual of Child Psychology, New York 1970

[2] Zimbardo, P. G., Psychologie, Springer-Verlag, Berlin 1996, S. 695

[3] Epheser 6,1–3

[4] Epheser 6,4

[5] Dreikurs, R., Grey, L., Kinder lernen aus den Folgen. Wie man sich Schimpfen und Strafen sparen kann, Herder, Freiburg im Breisgau 1991, S. 27

[6] Ruthe, R., Die Kunst zu ermutigen, Brendow Verlag, Moers 1988

[7] Sprüche 4,1–3

[8] Dreikurs, R., Kinder lernen aus den Folgen, Herder, Freiburg, Basel, Wien 1991

[9] Idea Spektrum 48/1999: Rot-grüne Karte für den „Klaps auf den Po".